21 世纪新闻传播学系列教材

广告创意表现

胡川妮　著

中国人民大学出版社

总 序

20世纪以来的100年，是世界新闻传播事业飞速发展的100年。这100年来，随着科学技术的不断发展，继报纸、期刊、通讯社之后，广播、电视和互联网络相继问世，新闻传播的媒介日趋多元化，新闻传播的手段日趋现代化，"地球村"变得越来越小，新闻传播事业对世界政治、经济和文化的影响则变得越来越大。

这100年，也是中国新闻事业飞速发展的100年。其中最后的20年，即改革开放以来的20年，发展得尤为迅猛。综合有关部门发表的统计数字，截至20世纪的最后一年，全国已有公开发行的报纸2 100种，通讯社2家，广播电台1 200座，有线和无线电视台3 000多座。其中，报纸年出版总数达到195亿份，广播人口覆盖率达到88.2%，电视人口覆盖率达到89%，电视受众超过9亿。与此同时，全国各类新闻从业人员的总数也已超过55万人。这样大的发展规模，这样快的发展速度，在世界和中国新闻事业史上都是空前的。回顾既往，盱衡未来，新闻传播事业在21世纪还将会保持着旺盛的发展势头。新闻传播，作为上层建筑、意识形态的一个重要组成部分，在全面准确地宣传党的基本理论、基本路线和基本方针以及各项决策，反映人民群众的伟大业绩和精神风貌，以及推动改革开放和社会主义现代化建设等方面，必将继续发挥着重要的导向作用。

与新闻传播事业的发展相配合，这100年来，为中国的新闻战线培养和输送人才的中国新闻教育，也有了相应的发展。中国的新闻教育起始于20世纪初叶，有80多年的历史。新中国成立前的30年，虽然先后在个别院校中设立了新闻系或新闻专科，但规模都不大，设备也不够完善，在校学生的人数，最多的时候不超过 400 人，30 年间累计培养出来的毕业生人数还不到3 000人。新中国建立后，为了为新中国的新闻事业培养人才，新闻教育继续有所发展，但到 60 年代中期为止，全国的新闻教育机构也还只有 14 家。当时全国共有 343 家报社、78 座广播电台和 13 家电视台，新闻系和新闻专业的学生统招统分，勉强能够满足中央和省市以上新闻单位人才方面的需求。“文化大革命”爆发后，这一发展被迫中断。中国的新闻教育得以重振旗鼓并得到空前迅猛的发展，主要还是改革开放以来 20 多年间的事情。这 20 多年来，中国新闻教育的发展和中国新闻事业的发展完全同步。截至 1999 年，全国设有新闻学类院、系、专业的高校已由改革开放之初的两三所增加到 60 所以上，专业点已超过 100 个。专业教育体系已从单一的本科教育，发展到博士生、硕士生、本科生、大专生、成人教育等多层次的格局。改革开放之初，全国在校的新闻系科学生总共只有 500 来人，现在仅本科生就有6 000人，加上大专生和研究生接近10 000人。20 年间累计向新闻单位输送毕业生超过30 000人。办学层次、办学规模、办学水平都有了很大的提高。在 21 世纪，随着新闻传播事业的加速发展，随着新闻战线人才需求的不断增加，中国的新闻教育肯定还将会有更大幅度的发展。

一般说来，新闻教育质量的高低，起决定作用的，主要是两个因素：一个是师资，一个是教材。两者之间，教材的作用更大。这是因为，师资的多少和良窳，往往受办学主客观条件的限制，而教材一旦完成，就可以直接嘉惠于学子，风行四海，无远弗届。进一步说，一部好的教材，不仅可以满足教学的需要，培养出一大批人才，而且还可以同时拥有很高的学术含量，推动新闻学研究的发展。1919 年出版的徐宝璜的《新闻学》，1927 年出版的戈公振的《中国报学史》，就是这方面的很好的例子。两书都是作者在高等学校从事新闻学和新闻史教学时作为教材编写出来的，出版之后，立即引起世人的关注和推崇，几十年来一再重版，历久不衰，至今仍然是公认的新闻学和新闻史方面的传世之作。正因为这样，新闻教育的前辈们，历来十分重视教材的建设。新中国成立初期的十来年，坊间出版的新闻学方面的书籍，绝大部分都是教材。改革开放以后，新闻学研究空前繁荣，新闻学方面的书籍大量问世，但教材仍然在其中占了很大的比重。这些教材，覆盖了新闻学的方方面面，经过出版家和众多作者们的长期努力，门类和品种基本配套齐全，曾经为同时期的新闻教学做出过重要的贡献。但是，随着时间的推移和新闻工作实际的飞速发展，这些教材的体例日显陈旧，观点和内容也亟待调整和更新。一些属于学科前沿和科技含量较高的新开课程的教材尚付阙如，使现有的教材出现了不少缺口。步入 21 世纪，集聚力量，重新编写出一套体系完整的、能够为新世纪的新闻教育和新闻人才培养服务的新闻传播学的系列教材，已经成为人们的共识。

呈现在读者面前的就是这样的一套系列教材，她将涵盖新闻学、传播学两个学科和新闻学、广播电视、广告三个专业。负责编写工作的，是中国人民大学、复旦大学、北京广播学院等校长期从事新闻传播学方面教学与研究工作的教授、副教授，其中有相当大的一部分人都是相关学科的学术带头人，堪称一时之选。收入系列的教材中有国家级重点教材，有部级重点教材，其他也都是经过严格筛选的精品，所以，这套系列教材的质量是有保证的，她的权威性也将会得到社会的认同。

21 世纪是一个高度信息化的时代，是信息经济和知识经济占主导地位的时代。信息经济和知识经济有两大支柱，一是以高新科技为代表的传播技术产业，二是从事新闻和信息产品生产的媒体产业。新闻传播学作为将这两大领域有机联结的桥梁，在今后的国家建设和社会发展中必将发挥越来越重要的作用。中国人民大学出版社经过精心策划，隆重推出这套系列教材，是具有高度的前瞻性和战略眼光的。在这里，我谨代表编委会和全体作者向中国人民大学出版社表示由衷的感谢。

21 世纪，中国的新闻传播事业和新闻教育事业都将有一个大的发展。这批系列教材的问世，将会为新闻传播事业和新闻教育事业的发展和繁荣、为新世纪新闻传播人才的培养做出她应有的贡献。这是出版者和全体作者共同的一点希望。是为序。

方汉奇

于中国人民大学

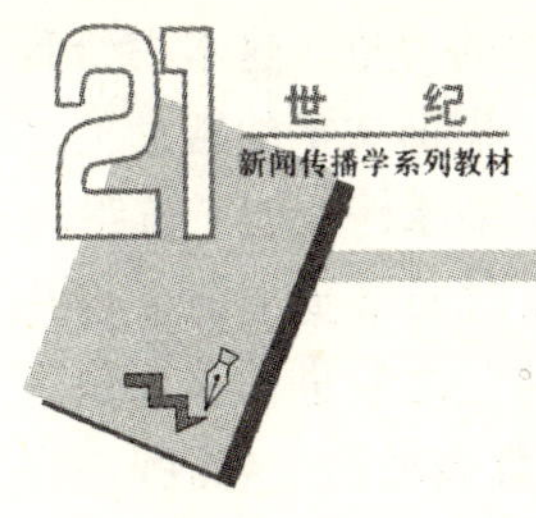

序

开卷有约

用过去和现在的知识、技能与经验，为社会未来的需要培养人才，这是大学教育的任务。

但是，第一，我们没有可能真正全面、系统、深入、具体地掌握过去和现在。

第二，我们的老师和学生也没有足够的时间和精力去传授、学习和掌握过去和现在。

第三，过去和现在不等于未来，并且永远不可能等于未来。

第四，作为中国的教师、学生和广告从业人员，还有一个学习、研究、赶上并超越世界先进水平的任务。

怎么办呢?

一个办法是把先进的观察、研究、撰写、描绘、合成的工具弄到手，并努力提高自己使用这些工具的技艺。尤其是最基本的技艺提高了，在不太遥远的一段未来中间，可以继续发挥作用。

另一个办法是把最优秀的知识和最有效的经验学到手，并努力提高自己使用这些知识和经验的智慧。人类的历史告诉我们，工具、技艺、知识和经验传承到未来，可能会显得十分落后，而撬动地球的智慧杠杆将永远不会落后。

广告是借助媒体传播信息来达到目的的一种形式。这目的不外帮助企业找到顾客，或者帮助顾客找到企业提供的商品和服务，并促成他们之间的交易。广告设计在达到目的的过程中，既要满足企业，又要满足顾客，还要在空前激烈和迅速变化的广告竞争中突破重围，取得成功。

为了这个成功，广告人不能不进行实力的拼搏，又不能不展开智慧的较量。《广告创意表现》这本书给我的一个惊喜，就在于它抓住了思维训练这个环节，让青年一代更聪明，为将要到来的智慧的较量积聚自己心智的力量。这本书给我的另一个惊喜，就是它打破了形象思维的神秘性和短距性，借助文字的帮助使之左右逢源、进退自如，为系统地组织创造性思维训练打破了坚冰，开创了道路。

广州美术学院平面设计教学在近20年的发展中有一段时间举步不前。近几年师生们付出了极大的心力来改变这一状况。胡川妮任系主任之后进一步加快了这个改变，《广告创意表现》（注：此书后分为《广告创意表现》、《品牌广告塑造》两本）的出版便是一个证明。作为他们的老师，20世纪80年代的老系主任，就这本著作的出版，我要祝贺和感谢胡川妮、李澄暲、廖宏勇、汪欣、李华强、梁峰、杨静和焦维诸位学生，祝贺和感谢装潢艺术设计系的师生和所有支持、关怀他们的人。

这是一本真正有新意的好书。

尹定邦

2002年8月15日于广州

目　录

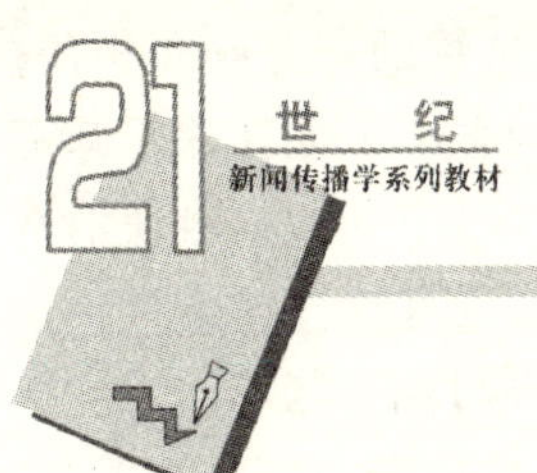

第一章

新转型期的广告设计教育

第一节 广告设计教学体系的建立

一、广告设计教学的实际意义和理论意义

入世以后，中国企业以及中国广告业面临着转型，中国广告人必须有适应这一转变的新思维，包括建立国际品牌地位的战略观念和实现品牌个性印象的整体部署。因此，品牌广告运作的操控能力、创意能力、表现能力和执行能力的提升格外重要，需要建立一个健康良好的品牌成长环境。从产品广告到品牌广告的转变是大势所趋。品牌广告的运作需要一个大创意概念的指引，需要对品牌进行全方位的、不断加深个性印象的塑造。遗憾的是，许多中国品牌在市场竞争中不停转换策略，盲目跟从以及游击战式的广告模式使得品牌在竞争中毫无个性可言。中国品牌怎样走向世界，如何与国际品牌竞争、抗衡，并逐步树立起自身国际品牌的形象，是摆在每个广告人以及广告教育者面前的严峻课题。

学习创意表现之所以重要，是因为我们可以从中体会到广告的震撼力来自人本身，来自人性对崭新事物的向往，来自一个未曾用过的点子对大脑的触动。而从经济发展规律中了解广告设计的演变历程，我们可以发现并理解为什么人们会对某个事物产生兴趣以及追求生活品质的心理动向和原因。广告设计强调时代特征与贴近生活，这与当今广大消费者欣赏先进的、美好的事物的审美倾向相关，对求开放求发展的企业主来说极为重要。当新事物出现的时候，人们往往想知道这个事物与他们自身的利益有何关系，广告如果忽视了这个环节，便很难使消费者产生感应；而将时代性作为广告设计的基础，就是为了实现有效的沟通。

广告是上层建筑与经济基础的结合体，它是经济的，同时也是艺术的。广告设计之有别于艺术设计在于各自的立足点不同。艺术作品是艺术家情感的表述，立足于个人对社会、对大自然的认知与态度，有时可以是一件纯形式的作品。而广告设计必须立足于品牌与消费者的沟通，立足于满足消费者的欲望与需求，公益广告则必须立足于良好的社会风尚的倡导。

在强调学习研究创意表现、塑造中国品牌个性的同时，我们要吸收他国的先进经验。这一是由于中国处于改革开放的发展时期，只有大量吸收现代文明的养分才能飞速成长；二是因为现代广告是市场经济的产物，而中国实行市场经济的时间不长，在这关键的年代，如果死抱着祖宗的东西当挡箭牌，那么所谓的“民族性”就成了鲁迅先生所唾弃的“遮羞布”。到了中国给世界的印象不光是古老悠久，而且还是现代东方巨龙的化身时，那么国人最为自豪，并引以为荣的品牌灵魂，一定是那谁也无法抢走、任何形式也无法改变的民族风格与传统精髓。因为，只要流动在国际级品牌（属于中国的）骨髓里的是中华民族的传统文化，那就是在本质上实现了发展，捍卫了尊严。

国际社会认为，21世纪是中国的世纪。今天，我们已能感到她的血脉在涌动。

所谓创意就是要突破常规，逻辑被颠覆，作品才有张力。一个好的创意，首先是具有原创性，开发出来的应是未曾用过或未曾引起注意的新元素；演绎的是一个创造性思维过程，展现的是一种表现能力。创意思维训练是广告设计教学的方法论，是避免雷同、寻求突破的有效方式。一个概念的放射性思维训练，是将托尼·巴赞的思维导图引入广告创意思维训练课程的一个发展和尝试，它比一个形象多种意义的训练更为进步的理由在于突破，因为有突破才有创新。创意如果永远在一个套路上徘徊，将缺乏个性，丧失生命活力。采用放射性思维可以开动大脑、活跃思想，让创意丰富多彩。在操作过程中，必须打破习惯性的横向、纵向思考定式，培养既放得开又收得住的能力，努力在不同元素之间找到关联，继而发展成若干能回应主题概念的思考路线和创意构思。

开设“创意思维训练”和“品牌广告塑造”等课程之所以必要，是因为我们可以看到：在一个大创意概念指导下发展出来的广告作品，所呈现出的品牌印象的整合与积累能够使品牌的个性特征刻印在广告受众的脑海里，决不会成为一闪而过、转瞬即逝的影像。

把广告设计从平面设计体系中提出来，又把广告设计从广告学中提出来单论，是本书的一个重要特征，也是广告学三部曲（营销学、传播学、广告设计）中不可或缺的重要部分。

二、广告设计教学体系

(一)艺术设计学科装潢专业课程架构

1. 绘画基础：素描、速写、色彩。

2. 专业基础：构成、电脑初步、图案造型、视觉传达基础、创意图形、卡通漫画、文字设计、标志设计、编排设计、编辑设计、风格设计、商业插画、印刷常识、苹果电脑及专业软件。

3. 专业课程：创意思维训练、媒介表现、网页设计、包装设计、VI设计、广告摄影、影视广告、主题海报、符号创作、品牌角色设计、品牌广告塑造。

4. 专业理论：世界经典美术、西方美学名著提要、中国民间美术、设计史、设计社会学、审美心理学、现代艺术思潮、文献检索、广告学、营销学、毕业论文开题辅导。

(二)广告设计教学体系的基本内容

1. 专业工具（苹果电脑）及专业软件的把握与运用。

2. 创意思维、媒介表现、设计审美、完稿执行。

3. 影视广告创意、摄制（监制）、影调影像处理、编辑配音合成。

4. 广告摄影，景物、静物、人物拍摄技巧，电脑修图，图像合成。

5. 品牌广告塑造、主题海报创作、编辑设计、符号创作、品牌角色设计、商业插画。

6. 平面设计相关课题：视觉识别设计、网页设计、品牌包装设计、包装材料运用与结构设计。

(三)广告设计教学体系的课程目标和课程目的

课程目标：培养学生“敢为消费者的需求与欲望制造、销售和广告”的创造能力。

课程目的：让为品牌和公益事业创作的广告作品，作用于物质文明建设和精神文明建设。

第二节　中国广告创作观念转变的三部曲

“广告设计”是装潢艺术设计的专业课程之一。在传统观念中，教广告往往应从市场营销开始，跟着讲授传播学，然后才是创意设计，否则算不上广告学体系。而本广告教学的重要特征是把广告设计从广告学中提出来，将营销、传播、广告设计三部曲的第三篇章作为教学主攻内容，形成了一个有特色的广告学体系。

广告设计的课程体系架构立足于广告策略制定之后，大创意在构思以及制作环节的相关内容，包括品牌概念的创意阶段和完稿阶段中的执行和体验。因此，在开展创意思维训练的同时，还必须从美术角度对表现展开演练，其目的是为了更有效地帮助广告学子将思维转换成符号，培养其将想法变成作品的能力。

由于在我们的概念中说与呈现迥然不同，因此，我们的教学口号是：

“将意念表现出来，而不仅仅是说出来！”

有了好的思维方式，寻求到了创意内容，还需要好的表达才能把内容展现出来。创意内容和创意内容的表现归结于一个终结点，就是毛泽东《在延安文艺座谈会上的讲话》中指出的“形式与内容的统一”，没有形式，内容无以呈现；没有内容，形式也就毫无意义。

在我们的认识中，常会出现这样的误区：

1. 把形式感的怪异称作创意的突破，为形式而形式。

2. 有了好的创意但缺乏形式美感、缺乏专业的表达，天真地认为有了创意就会有震撼力，就能吸引人们的注意，不晓得没有好的表现将会使作品失去质量，让创意黯然失色。

创意突破并不意味着形式的怪诞，其核心是内涵。为了更好地表现内涵，我们强调表现力度、形式美感和现代品味的学习。现在有很多广告专业毕业的年轻人，思维可以，表达不足，原因就是缺乏表现的功底，缺乏审美品味、形式美感的训练。形式美感，是每一件作品在创意概念形成之后进而转入形象表达的基本要件，也是广告设计最考功力的地方。没有基本功底，不会有好的表现。除了基本功，还要有眼光，有现代品味和现代表达方式。

在创意突破的问题上，形式始终是为内容服务的，不要把两者的位置颠倒了或仅为形式而形式。一件没有内涵的广告作品，无论做得如何张扬也是没有价值的。另外，业内人士对创意设计必须持有正确的态度，艺术家仅以自己的思维去感受社会是做不了广告的，广告作品服从市场，有着自身的特点，广告的目的是要打动受众，要产生销售指数，如果做不到这一点，不仅消费者无动于衷，自身也无法在竞争中生存。

当今世界，各种信息铺天盖地，广告的首要任务是让作品在信息海洋中跳出来，这个跳是招徕好感的跳，而不是讨厌的记忆；接着，要使作品在最短的时间内传达给受众一个准确的信息并让他记住。

让人记住靠什么？

——靠创意的单纯，靠创意的差异性，靠良好的品牌印象。

一、1996年："戛纳国际广告节的震撼"——中国广告需要进行创意革命

1996年中国广告协会首次组团参加在法国戛纳举行的第43届国际广告节，中国参赛作品无一入围，这在代表团中引起极大震动。不服气，找广告节主席罗杰先生评说："评委不懂中国文化如何评价中国作品？""那么，为什么中国人看得懂麦当劳的广告，特别是中国的孩子？"一番理论之后，罗杰先生的反问音量不大，但使人耳根发烫……停下争论，我们回到展示着"全世界最好的500幅平面广告作品"的展厅聚在一起细看起来。

在感受作品的同时，也在反思：差距在哪里？广告到底是干什么的？

从获奖作品中，我们看到了原创，看到那些世界品牌通过广告创意的实施在消费者脑海里形成的一个个别人替代不了的记忆，看到优秀的公益广告创作对人们心灵的震撼。反思我们的广告，受众无法从作品中感受到品牌个性，找不到东方色彩在广告上的巧妙运用和深刻涵义。要说作品美，更多的是古人创造的传统美和缺少创意的形式美。

一个在追求个性和原创，作品机智幽默，创意单纯便于记忆，给人好感并予认同；一个是看图解说，自我标榜，盲目抄袭，作品啰嗦，看似充分利用了广告空间，实际是个大杂烩，引不起人的注意。中国广告与世界的差距是显而易见的。

针对当时我国广告业的情况，我们提出几个观点：

（一）我们首先需要改变的是做广告的观念

国门打开后，全球性品牌不断涌入，如今，国际品牌成为市场的宠儿。虽然我们不少产品从品质上已达到国际水准，但在国际市场上却没有自身的品牌地位。如果我们的广告不能被人看懂并认同，国际品牌的印象与建立就无从谈起。

（二）观念转变的另一个重点就是转向消费者

今天，中国的消费者已不再一律穿着灰色制服了，他们有各自的需要、心态

和喜好。中国的消费层除20世纪80年代之前造就的节俭一代外，主要有两个消费群体：一是20世纪80年代后逐渐富起来的主导消费群；另一个是20世纪80年代后出生的、也是外国品牌进入中国市场用尽广告手段要去影响的中国新一代。这代人是在一个全新的消费环境中长大的，很快就要成为消费主导。由于生下来穿的是纸尿裤，吃的是速溶奶粉，喝的是可乐，摸的是电脑，他们的消费意识与在困难环境下成长起来的人们不一样，为了追求心目中的品牌，他们甚至会去打上一个月的暑期工。这种消费观念的形成除了与经济的发展、收入水平的提高息息相关，更与品牌概念的传播、信息时代的步入密不可分。

（三）戛纳评价一个广告是否成功，是看这个作品的相关性、震撼性和原创性（抄袭的作品不会在戛纳获奖）

所谓相关性，就是创作必须与卖点相吻合；一个有震撼力的广告作品，它的产生来源于对生活的观察，只有源于生活再高于生活，创作才有生命力，作品才具分量。

（四）当今先进广告观已从“告诉消费者”转变为“注意消费者”

从1999年的索尼娱乐站——“乳头”招贴广告被“第46届戛纳国际广告节”评为平面全场大奖作品，而让整个西方广告界激动不已的氛围中，我们看到：先进的品牌广告注入了先进的消费观念，它是前卫的，超前的。所做的不再是功能本身，而是通过品牌的个性和符号印记，传达出一种生活方式的信息，实现与消费族群的沟通。好的广告做的是感觉，推销的是印象。

二、1999年："难道中国的审美学宣告死亡了吗?"——没有表现力就谈不上实现创意

1999年首届中国广告协会学院奖评比后，黄清河评委站在学术及促进广告发展的立场上，在《现代广告》杂志上发表了《中国广告协会学院奖褒贬》一文。文章认为：

> “审美学”一词是西方的一种说法，意指研究关于造型及任何与视觉有关的原则的一门学问。审美学深入到西方的每一个阶层，引发普通大众对“美感”的共识和品味，这慢慢地影响到每一个人对生活每一环节的讲究，如日常用品的一杯一碟，衣着家具等。中国传统“审美学”由来已久，对物品造型之讲究，在唐代已经发展得很成熟，在书画方面，更从讲究“对称”之美而发展至宋代“马一角”、“夏半边”之风格。中国审美观流入日本，日本人刻意钻研，发展出一套相当完整而又能体现东方美的美学体系，进而引致今天日本的产品无论在造型还是在包装设计上，可观性都极高。反观我

们的审美品位，从参赛作品看来，却是乏善足陈。广告设计，本来就是走在美学最前沿的东西，参赛作品，有很多在基本的视觉造型关系的处理上，也显得杂乱无章，可观性差。所以笔者不禁慨叹一句，难道中国的“审美学”已经死亡了？从上述各现象中，笔者认为这是我们最应该注意的一个环节，亦是影响最为深远的一点，记得从前有海外广告人说：难道中国的工艺已经死亡？工艺已死，可以刻意改进，只要把标准提高，还有复活的一天。但“审美”是一种观念的东西，这不是用“苦功”可以达到的。且先有“审美”才有“工艺”，这是不变的定律。所以“审美学”已死，要其复生，就需要更长的一段时间。如何拯救中国的“审美学”，笔者认为这是今后一个主要课题。西方的视觉艺术学院及设计学院，甚至于一些一般的大学都设有“审美学”一课，值得我们借鉴。

文章观点尖锐，引起广告教育者的重视。

三、2001年：“品牌圣旨”——中国广告不能再打游击战！品牌个性塑造启动

2001年7月新加坡智威汤逊广告执行创意总监陈耀福先生在《国际广告》杂志上发表题为“品牌圣旨”的文章，他说：

许多国际品牌的日用消费品牌在进行广告作业时，都会有全球性严谨的广告作业规范。而这种作业规范就像“圣旨”一样，全球的经营分公司及与经营者合作的广告公司都必须对这个“品牌圣旨”负责，以确保在经营同一个品牌时，理念及广告方向都在同一条线上。

国际知名品牌会有品牌圣旨的出现，是因为自以为是的创意人、广告人、客户大人所造成的。“圣旨”的出现是迫不得已的。如果创意人总是天马行空地想干吗就干吗，经营一个品牌一两年不到就想换个牌子做做看，你觉得国际品牌的经营可以交给他吗？谁知下一个创意人接手又有什么个人对创意的想法，会对同一个国际品牌开刀？如果客户品牌经理只对他眼前的业绩有兴趣（因为数字会说话）而忽略长年累月的品牌经营（只要不出错或持观望态度，搞不好做个两三年也得升官发财，或跳槽去搞更大的），在这种“钱途”为先的心态下，你觉得长期的品牌经营可以交给他做吗？

还有不知客户那边的协理怎么想？助理怎么想？总经理怎么想？……而广告公司的业务怎么想？业务总监怎么想？策略规划总监又怎么想？……

这一切还未包括市场的状况。如果国际品牌在全球各国做广告时没有品

牌圣旨，各国广告人又会怎么想？

所以为了广告的一致性，圣——旨——到！也为了规范大家不要天马行空、胡思乱想，总部除了发圣旨，也批作品，评创意及策略，无人能幸免。

因此，许多外商广告公司偏爱中国本土客户，因为挑战更大、机会更多，创意发光的可能性更大。因为没有圣旨可以自立“圣旨”，有圣旨的话也不可能比国际的“硬”，讨论有余地一切好商量。

从专业角度看，陈耀福先生通过文章将国际品牌的操作规范告诉了我们，值得认真读取。

由此得到的启示：

1. 入世意味着竞争将在同一起跑线上开始，亟须提升国人的品牌意识。

2. 广告创作为实现品牌的个性印象而塑造。

3. 学习国际品牌的操作模式，从经济规律和国际市场的先进经验中找高点、找直线、找方法，如：

（1）建立战略观念，制定品牌概念。

（2）寻找大创意，包括关键文案和视觉元素，通过作品的个性积淀，让品牌概念鲜活起来。

（3）提高创意的表现力与执行力，实现高品质的作品，让创意闪光。

（4）为中国品牌抓住世界消费者的记忆而努力。中国广告人要具有国际品牌的操作思维，在多元文化和各个领域的思维碰撞中启发提升自己。

在我国，具有品牌概念的广告实在不多，能说出概念是什么的更不多见。没有品牌概念怎么做个性？没有个性的大众脸谱怎么让人产生记忆？不断变换策略的广告哪来品牌印象？没有印象的品牌怎么有地位？入世了，所有的竞争将在同一起跑线上开始，制定出自己的品牌概念并把概念抛出来，难道不是中国品牌广告的第一步吗？

美国人大卫·艾克在《品牌领导》一书中描述了一种新兴品牌领导模式：“它注意战术，更注意战略，其视野更开阔，不但为销售，更为品牌识别所驱动。”书中提到“品牌形象是战术性的问题，它能产生短期效应，可以交给广告和促销专家处理。品牌资产是个战略性问题，它是竞争优势和长期利润的基础，它必须由企业的高级管理层来亲自决策。品牌领导模式的目标不仅是要管理品牌形象，更要建立品牌资产”。“从战术管理到战略管理，品牌领导模式中的经理较之过去的注重战术和反应，变为更具策略头脑和远见卓识。他们对品牌进行战略性管理，使品牌反映消费者心目中的形象并持续有效地加以传播。”“经营策略是品牌策略的总指挥，它同样要有战略眼光，能融入不同文化。”

第二章

心中的坐标

——戛纳国际广告节大奖作品的先导作用

学习广告创意，首先要认识什么是最好的广告——将眼界打开；接着，要弄清为什么这是最好的广告——开动大脑思考。

明白什么是“最好”，是做“好”广告的第一步。

第一节　为什么是戛纳

戛纳国际广告节每届7天，时间定在每年的6月下旬，地点在法国南部美丽的地中海海滨旅游度假城市戛纳，紧跟在戛纳电影节之后举行。广告节第三天的晚上是平面广告作品颁奖典礼，第七天晚上是影视广告颁奖典礼，之后是戛纳全城燃放焰火。此时，来自世界各国的广告人聚到度假圣地——棕榈滩频频举杯，平时非常随意的广告创意人穿上了晚礼服，显得格外隆重。

为什么要谈戛纳，而不是亚太广告节或是中国广告节的获奖作品呢？因为戛纳代表了当今广告创作的最新观念与最高水准。全世界的优秀广告公司和广告创意人都在这一赛事中探讨广告的发展思路，共同角逐全场大奖和金银铜奖。中国广告要真正走出国门，就得把眼光投向这样高水准的广告节。

一、两个平台概念

下面的平台：“告诉消费者”（一个工业时代的创作观）。

上面的平台："注意消费者"（一个信息时代的创作观）。

当今先进的广告观之所以会从"告诉消费者"转变为"注意消费者"，有如下几个原因：

1. 信息时代的最大特点就是传递方式的便利与快捷。通过网络，信息得以迅速传播，一个新产品的普及可能就在一夜之间。由于产品品质趋于同质化和新产品的普及太快，做广告如果仅是为了告诉消费者一个产品方面的信息，肯定会落入为同类产品作共性广告的境地。这不是当今做广告的好方式。

2. 21世纪产品的更新换代不再停留于工业时代的基本需求上，广告的作用也不是告诉人们洗衣机有快洗有脱水，冰箱有低冷有速冻等等。当今世界的创造均以实现一种新的生活方式为依托，做的是消费者的需求与欲望。广告创作也应如此：从将企业的创造告诉消费者转为为消费者的需要而创造，为他们的欲望而塑造。

3. 过去做产品广告是在卖一个商品，今天做品牌广告是在卖一个独具个性的品牌概念，做的是品牌印象，这个印象是消费者的感受。只有注意消费者，围绕着他们的需求去归纳，去挖掘创意素材，才有可能创作出打动消费者的杰出广告。

二、广告的标准：让人动心

有人说广告不能与体育赛事相比，体育有标准，广告无标准。其实，广告也是有标准的，广告的标准就是让人动心，让人能在很短的时间内，从一个单纯的创意概念中获取最为准确的信息与记忆。优秀的广告作品除了能打动消费者，还能打动评委。戛纳的评委是业内一流高手（看看名单就知道了），他们选自世界范围内经济最为发达、最为活跃的国家与地区，基本上是国际顶级广告公司的创意总监。他们在操作世界一流品牌中积累的经验与功力，造就了其对市场的极度敏锐力。从评比信息中，我们可以看到历届评委主任都在紧紧地为广告把脉，力图让广告走在时代发展的前沿，成为发展经济、促进消费的引领。为了倡导最新观念，评委们会对最好的作品加以肯定，会为年轻人突破模式打破常规的创造喝彩。

三、原创性、震撼性、相关性

如前文所述，戛纳国际广告节重视的是原创性、震撼性、相关性。在戛纳广告节中，参赛作品众多，而且评比的时间相对短暂，没有原创性不可能打动评委，没有视觉的震撼力和与众不同不会让人眼前一亮，没有个性特点不会带来印象。所有被评委看中、并给予高分的作品，绝对是作品本身将评委给"电"上了。

戛纳国际广告节评委认为：无论对于广告业正在起步的新兴国家，还是对于进入成长期或成熟期的国家，戛纳国际广告节都具有特殊的意义。对起步者是学习，对成长者是进取，对成熟者则是超越。中国在世界创意竞技场上处于一个起步阶段，成败并不是关键所在，参赛的真正意义在于向世人展示一份“信念”，为自己定下一个奋斗目标。

第二节　大奖作品的先导作用

一、大奖作品赏析

具有“观念性”的五个大奖作品，让我们体会到“感觉”、“个性”、“沟通”与“简洁”，让我们认识到“意见最为统一”的作品的美妙。

(一)做“感觉”的大奖作品

我们首先从1999年的平面全场大奖——《乳头》这个让西方广告人激动不已，而让亚洲广告人“一头雾水”的作品开始（图2—1）。

这个作品，大家已经非常熟悉了。它的精彩之处在感觉。

通过在“索尼娱乐站”按动游戏键就如按动乳头那般的描述（试着闭上眼睛感受一下，那是什么滋味？酸甜苦辣、痛快、淋漓尽致，什么味儿都有），让你真实体会痛快的感受。评委主任DDB广告公司全球首席执行官凯思·雷哈德先生这样评价这个作品：“广告都做到感觉里去了。”

西方广告界之所以会激动无比而奔走相告，是因为一个全新的创作观念出来后，按这个观念创作的作品获得了成功，它得到了理解和认可，它创造了“感觉”这个比理性诉求更为鲜活的品牌印记，它让广告从“告诉消费者”

图2—1　乳头（英国）——1999年戛纳平面全场大奖

文案：游戏站是索尼电脑娱乐公司的注册商标

的传达模式，进化到“注意消费者”的沟通模式，实践着当今最为先进的理念：广告做的是感觉，推销的是印象。

(二)极具“个性”的大奖作品

《福克斯体育网》是一个谁也抄不去的杰出广告（图2—2)。它用创意把自身的独特卖点——福克斯体育网是区域性的，不说那些你不关心的信息，只提供本地区感兴趣的体育节目，每晚11点是你的时间——准确无误地传达清楚了。它的个性特征是独一无二的，不存在于别的品牌之中，这个广告只为它自己服务。多么鲜明的态度啊！这种抄不走、拿不去，这种克服了千篇一律大众面孔的品牌广告当然应该是行业的首推和引领。

当今广告之所以强调个性，一是由于产品的同质化造成广告太相似，二是由于广告的数量太多无法让人记住。奥美广告公司欧洲创意总监刘易斯·贝赛特指出：“设想一下，那些不能使消费者吃惊的广告，那种不根植于特定的创意并获得通过的广告，就像是一艘在黑夜里航行的船，没有人看见它，没有人注意它。……我看了许多包括不同品牌的汽车影视广告都在展现一个相同的声音，实际上一个录影带可以适合任何一个指定品牌的汽车宣传。公路上的弧线，驾驶的变化，面对微风的微笑，所有这些都是陈腔滥调，就是没有诚实。可信的创意允许我们把一个品牌同其他品牌识别区分开来。”

(1)中国篇

（2） 印度篇

图2—2 福克斯体育网（美国）——2001年影视全场大奖

文案：我们只报道那些你真正关心的体育节目。
每晚11时的区域体育新闻——属于你的。

具有独特个性，才便于品牌区分和记忆。因此，独特个性是形成品牌印象的关键因素。比方我们介绍一个人，只说是个男的，别人无法知道是在说谁，但把他的个性特征说清楚：大胖子、戴眼镜、说话就像蚊子叫……那么，十有八九不会弄错。这个个性特征存在于其自身与大众的不同之处，存在于人们对他的认识与印象。福克斯体育网与众不同的广告创意，形成了它独特的品牌个性，谁要是去抄袭，那一定是为福克斯体育网做广告，为它作嫁衣裳。

（三）历届评比意见最为一致的大奖作品

《刹车的痕迹》是一幅趋于完美的平面作品，它为哑剧增添了声音，使平面熠熠生辉（图2—3）。这个作品有别于那些全新的突破性创造——它像是一位成长起来的英俊小伙儿立在面前，很难让人拒绝。所以，几乎没有什么争议就被认

图2—3 刹车痕迹（英国）——1997年平面全场大奖

文案：新款SLK奔驰车

同。它之所以能获得大奖，应该是由于那具有决赛资格的冠军相貌和无懈可击的经典演绎。

当然，对车没有认识的人，似乎不会对“刹车痕迹”产生“于无声处胜有声”的感受。这就是因为广告是有目标对象的原因。不过，广告还在想方设法让无动于衷的人有感觉，因此广告必须很聪明，不仅在使用不同媒体时有不同表现，还要为同一个品牌概念在不同环境中营造出相同的性格特征，使受众在潜移默化之中，在不经意但又绝不讨厌之中接受这个概念、留下一个记忆。因此，广告的性格塑造必须有大创意概念指引，要有战略目标，不能天天改，更不能让作品各说各话，各行其是。

（四）做“沟通”的大奖作品

《耐克滑板》系列在1998年成为影视全场大奖（图2—4），评委主任让·马里杜这样评价这个作品：“耐克在取得15年创意方面的优异成绩后，明白如何更新自我，如何重新塑造自我，切中主题的广告战略、精彩绝伦的制作实施、异想天开的新颖创意，使耐克滑板系列广告在创造力的世界里再攀高峰。”该组片子将一系列“违规”动作与对运动的热爱以及穿耐克去运动的激情联系在了一起。想做就去做！一种果敢的行为，对违规受到干涉打抱不平，确实是在帮消费者说话：不就是想跑步嘛，有这么严重吗（可能真的很严重，因为它会破坏一种秩序，但确实算不上犯法，用得了带上法庭这么大动干戈吗）？在那时（克林顿因莱温斯基而受审），一种表示无可奈何的影片的播出，特别适时应景，赢得了消费者的心。这种影调语言用情节打动受众，让他们觅到知音，心里舒坦，真正实现了沟通。

（1） 高尔夫球篇

（2） 网球篇

（3） 跑步篇

图2—4 耐克滑板系列（美国）——1998年影视全场大奖

文案：如果我们都像对待玩滑板者那样对待所有运动者，那会怎么样？

(五)极其“简洁”的大奖作品

1996年在戛纳，《安全别针》（图2—5）给人的第一感觉是：怎么这么简单的作品也可以进入500幅最好的作品里？这难道就是平面全场大奖？潜意识里认为那是西方广告人玩的花样。

直至知道了VOLVO的一贯卖点——“车的外壳钢特别好，碰车不变型”的概念后，这一简单易记的图形意义才快速准确地传达给受众，使受众真实体会到概念塑造的积累价值，体会到简洁的重要。受众可能第一眼没瞧上它，却能对同伴们描述：“有一个非常简单的、用钢线绕成的VOLVO车型别针也入围了……”其实出了展厅，受众已能把它复述出来，这难道不就是广告梦寐以求的效果吗？

图2—5 安全别针（日本）——1996年平面全场大奖

文案：VOLVO，你可信赖的汽车。

在五彩缤纷的世界里，它可以“跳”出来。它在帮你提炼印象。创意单纯的确便于记忆。

设计必须做减法，才能体现出简洁，减比加难度大，做减法必须有高水平，要有很强的归纳能力和图形表现力，否则将是空洞和软弱无力。

只有用最简单的表达出最本质的，才是真正的高水平的创意。

二、给我们的启示

今天的戛纳获奖广告彻底抛弃了说教，抛弃了唯美（当然，并非不美，比如宝马摩托车广告就是一个非常漂亮的广告），讲究沟通、感受，更生活化、鲜活。获奖广告已将创意的立足点完全放置于与消费族群对话的基点上，强调对消费族群的理解，关注他们的生活方式与欲望，力求通过广告的传播，不仅完成品牌与目标受众的沟通任务，更搭建一个让消费族群之间开展对话的平台。这样的广告当然会得到目标受众的关注和喜爱。

一个赛事将某个作品推至大奖，一方面源于评委对作品本身三个条件“原创性”、“相关性”、“震撼性”的评价尺度，一方面源于评判团对行业发展趋势带有预见性与观念性的判断。高质量的判断对行业是引领，低质量的判断不能将历史向前推进。

从这几届的大奖作品中，我们还可以看到当今最杰出的广告人的探索。由于思考的层面不一样，因此大奖好在哪里并非每一个广告人都能马上接受并悟出其中的意义。但全球经济一体化的强大趋势和中国加入世界贸易组织的事实，将迫使我们去思考、去接受、去体验、去创造。中国广告人有责任通过创意作品让中国品牌享誉国门内外；有责任通过品牌的塑造，更好地实现产品的价值（不仅可以出口，还能占有市场，实现更大的利润）；有责任让消费者在享受产品功能的同时，也能获取品牌所带来的完美感受；有责任努力通过广告的沟通手段，培养出中国品牌的忠实消费者，稳固建立起中国品牌的国际地位。

第三章

理解品牌

品牌不只是代表产品的文字或符号，它还有其他更广泛的象征意义。很多知名的品牌其实是某种想法、态度及生活形态的象征。比如说，运动鞋巨匠“耐克”一向就是不惜巨资打广告，显然，它花费在建立品牌形象的钱比花在制鞋上的钱还多。

——《哈佛人的思想》

广告策略制定之后的创意与执行主要包括：如何实现品牌概念指导下的创意突破；如何在创意过程中让品牌概念鲜活起来。

课堂的训练方式：

1. 思维导图在广告创意中的运用。
2. 有了概念怎么做个性？

德国大哲学家叔本华对概念有这样的解释：

概念构成一个特殊类别的表象，和我们此前所考察过的直观表象在种类上是完全不同的一个类别，即在人的心智中才有的。关于概念的本质，我们永不能获得直观的、真正自明的认识，而只能有一种抽象的、推理的认识。

概念只能被思维，不能加以直观，只有人由于使用概念而产生的作用或后果才真正是经验的对象。这类后果有语言，有预定的计划的行动，有科学以及由此而产生的一切。

除纯逻辑的基础以外，一切知识的根源根本就不在理性自身，而是从别的方面获得的直观认识沉淀于理性中，由此转进为完全另一种认识方式，抽象的认识方式。这才是知识的根源。一切知识，也即是上升为抽象意识的认识，和科学的关系等于片段和整个的关系。

为了反省思维而把直观认识到的东西加以沉淀，固定于相适应的概念中，一方面以使诸多实在客体的共同之处得以用一个概念来思维，另一方面，这些客体间有多少差别之点，便用多少概念来思维。

在每一种科学的开端总是一个概念，由于这一概念，这［分立的］部分才可脱离一切事物的大同而被思维，从这一概念，这门科学才能指望一个在抽象中的完整认识。

假如用哲学科学的或者说是现代意识观来展开广告运动，通过这段话，我们可以这样理解：在一个科学的广告开端先是一个概念，由于这一概念，这个分立的部分才可脱离一切事物的大同而被思维，从这一概念，这个广告才能指望一个在抽象中的完整认识。

一、品牌观念

没有观念，就不知品牌塑造到底该做什么，设计师只能是枪手。有了品牌塑造意识就有了原创动力支点，设计师不再是盯着一个作品，而是在大创意概念指导下追寻广告投入的终极目标：塑造个性、实现印象、建立地位、提高市场占有率。

二、战略观念

战略一词广泛运用于政治、经济、科技、文化、教育等社会的各个领域，泛指重大的、带有全局性质或者具有决定意义的谋划，因此所谓战略观主要是从整体、长远、根本上去观察问题。

战略观念，是对现代经理人的要求，也是成功设计师的必备素质，它是创意指挥棒。

战略具有三方面特点：

1. 全局性。全局是由各个局部有机结合而成的，这种有机的结合就产生了

“整体大于部分之和”的“非加减性作用”。

2. 长期性。战略是一个在较长时间中起作用的谋划和对策。正确的战略是根据事物发展变化的趋势而制定的，在趋势发生根本逆转之前，不能随意更改，战略的立足点是现在，着眼点是未来。

3. 相对性和层次性。由于全局和局部的划分是相对的，同时时间也在发生着流转，因此战略具有相对性。但是局部应该服从全局，低层次的战略不能违背高层次战略的要求。

三、品牌领导

1. 注重战术，更注重战略，不但为销售，更为品牌识别所驱动。

2. 从战术管理到战略管理，品牌领导模式更具策略头脑及远见卓识。

3. 对品牌进行战略性管理，使品牌反映消费者心目中的形象并持续有效地加以传播。

4. 品牌领导的新兴模式特点之一是品牌形象和品牌资产并重。品牌形象是战术性的问题，它们能产生短期效应，可以交给广告和促销专家处理；品牌资产是个战略性问题，它是竞争优势和长期利润的基础，必须由企业的高层管理层亲自决策。

关于品牌资产，盛世广告公司全球首席执行官凯文·罗伯茨认为：

> 公司的价值由品牌的价值反映出来。
>
> 品牌表示着你的收入，它告诉你你的产品应该卖多少钱，你的销售额会是多少。
>
> 一个伟大的品牌为你的产品升值。如果消费者信赖你的品牌，他们愿意花多于购买同类产品的钱去购买你的产品。
>
> 如果想让你的公司成为品牌的领导——成为中国的汰渍，中国的Sony或中国的凌志，那你作为首席执行官的第一任务就是营造那个品牌。
>
> 任务不轻，但回报是巨大的。西方已经对中国跃跃欲试。有中国牌和高峰表现机构这样的概念，你们将超越西方，创造世界的未来。①

四、评价品牌的几个要素

即：品牌意识、忠诚度、品质认知、联想度。

深入了解品牌和它的消费者之后，才能辨别品牌评价要素中哪些推动了消费

---

① 摘自《这个品牌，当然就是中国!》，载《现代广告》，1998 (3)。

者和品牌之间的关系，哪些使之发生偏离。

五、这个品牌，当然就是中国！

凯文·罗伯茨对“中国”这个品牌怀着极大的兴趣和信心，同时也对塑造这个品牌提出了一些建议：

我现在要向大家介绍一个品牌，这个品牌的时代即将到来。这个品牌有着一系列富有诱惑力的价值，我非常愿意将它抓住，把它塑造成一个极富吸引力的全球偶像。这个品牌的价值是永恒、智慧、神秘、和谐、有创造力、有活力、高智商、高工艺、勤劳、实用主义。

这个品牌很酷。我想成为这个品牌的一部分。对一个消费者来说，它有我想寻找的品质。它的价值意味着富有、深刻，具有哲理上的吸引力。

这个品牌包含了一系列的信仰和习惯做法，从我应该如何保护我的大脑、我的身体、我的灵魂到如何设计、布置我的房子。

作为一个消费者，我对这个品牌有着很高的期望值。这些价值是我从西方无法得到的，其特别之处在于它具有5000年的文化底蕴。它在多少个世纪之前就发明了纸、印刷术、火药、机械钟、针灸、指南针……

西方的消费者正在寻找这样的品牌价值。同时，这个品牌还赋予你新中国的希望，赋予你一个正在重新创造自己的国家所产生的刺激，一个正在重新回到它原来所占据的世界秩序的中心的魅力。

中国企业家在开发面向西方消费者的精品品牌时可以吸取的教训是，一定要找到或创造出适销的高质量的产品。

这就是索尼故事的答案：先从你的核心价值中找到答案，再去寻找具体的产品和包装上的突破。关键是确保你得出的答案是卓越的，然后就像凌志那样永无止境地追求卓越。每一个产品，每一笔交易都要使你接近这个目标。

经常有人问我：“一幅优秀广告的基本品质有哪些？”下面是盛世的7点计划。一个成功的广告不需要具备所有的7个成分，当然，具备的越多，成功的可能性就越大。

1．独创性。观众喜欢有差异、新鲜和独特的广告。

2．聪明。观众喜欢精心思考过的广告，他们往往欣赏制作者的技巧。

3．诚实。消费者愿意相信广告中的承诺，他们也会立即发现不诚实和夸张的许诺。观众更倾向于诱劝方式而不是硬行推销。

4．关联性。广告、产品和观众之间一定要永远保持切实的联系。

5．幽默。幽默让人放松，开放，被品牌打动，让品牌留住。

6．攻势性。这是一个关键因素。在盛世，一个广告攻势不是一年的策划，是5年甚至20年策划。就像凌志的策划。制造攻势是客户投资价值反馈的最好方式。我们拒绝的是那种断断续续、砍掉又重改的合作模式。

7．音乐。音乐的确可以成为整个作品的灵魂。它往往是缭绕在你记忆中最难忘怀的，“我怎么也忘不掉那支曲子”。①

---

① 摘自《这个品牌，当然就是中国!》，载《现代广告》，1998（3）。

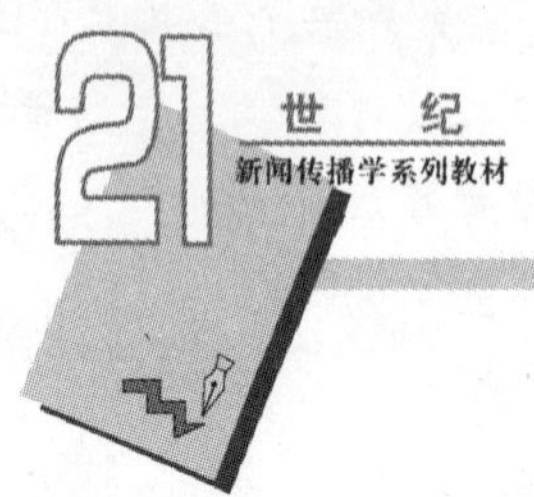

第四章

思维导图

第一节　一个概念放射性思维训练

一、一个概念放射性思维训练的优越性

广告创意包括两方面内容：一是创意思维（Idea）；二是创意表现（Skill）。两者关系密切，不可分割。

一个概念的放射性思维，是将托尼·巴赞[①]的思维导图引入创意思维训练课程的发展和尝试。它比一个形象多种意义的训练更为进步的理由是其突破性意义，因为有突破才有创新。创意如果永远在一个套路上徘徊，将缺乏个性，丧失生命活力。

装潢系一年级新生入学教育时尝试了一个思维游戏，由他们自己出题，班长记录，一分钟时间内喊出了22个与电脑相关的词语（图4—1）。从记录图中我们可以分出纵向思维的信号（同一家族）和横向思维的信号（旁系亲属），这些信号虽有发展，但跳不出大框框，很容易和别的创意撞车；再看看放射性思维的

① 托尼·巴赞，英国大脑基金会主席，英国信托基金"大脑托拉斯及大脑俱乐部"奠基人和"大脑基本功能"概念的发明者。

叫喊，这些来自现实的热门话题、在脑海里形成的印象、构思线路和追寻……我们将两个点作一结合，甚至把三个四个点有机地连接起来，就形成一个新的思维路线。新的创意往往就在这种思维过程中萌生了。

训练时，要开动大脑，别受条条框框局限，虽然连接的过程很困难，可是一旦突破，日夜盼望的好创意就会出现。比如“方便面”、“战争”喊得很精彩，因为在生活中，方便面既简便又解决肚子问题；电脑其实也一样，用起来非常方便，又解决很多问题。而把战争与电脑联系起来，是因为当时有电脑黑客破坏我国西昌卫星发射系统，引起全球公愤。

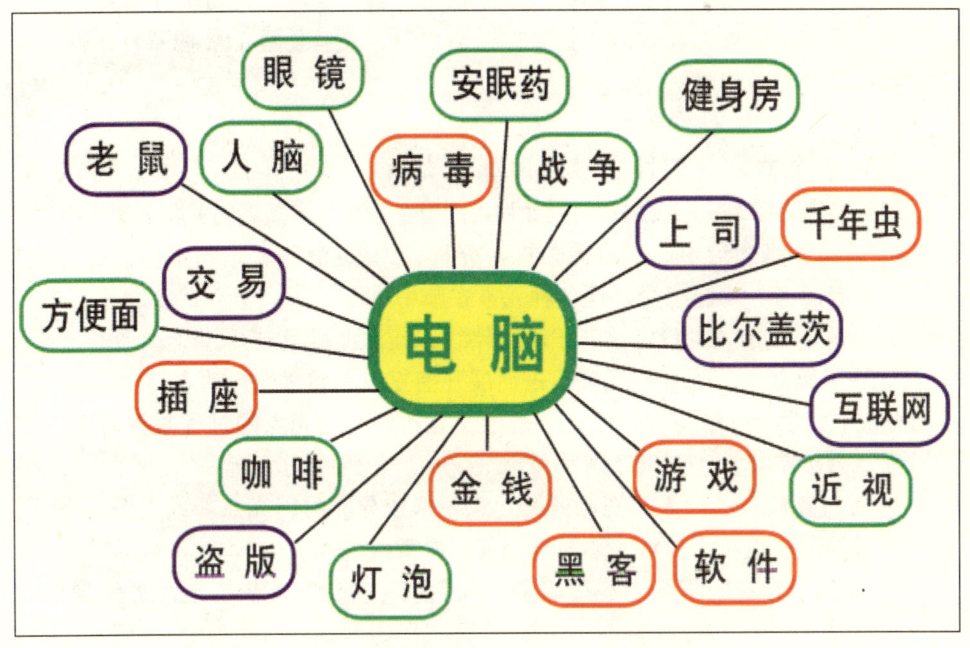

图4—1　新生入学思维体验及解读（一分钟训练）

红圈：纵向思维的信号（同一家族）。
蓝圈：横向思维的信号（旁系亲属）。
绿圈：放射性思维的信号（实现突破，将想象拉开）。

二、思维导图的可领悟性训练

1. 设定一个适合于个人思考的主题概念，充分调动起个人对生活的回忆与思索，并用导图的方式对受训者展开思维是否活跃的测试；通过相互观摩和寻找闪光点，达到“原来创意可以这样做”的认知。该步骤往往是老师在课程期间挑选小组创意总监的有效环节。

2. 操作过程必须突破习惯性的横向、纵向思考模式，提倡放射性思维，培养既放得开，又收得住的能力，努力在不同元素之间找到关联，继而发展成若干能回应主题概念的思考路线和创意构思。

3. 主题概念（也可以是中心概念图）必须画在白纸中央，从这个中央开始，把能够想起来的所有点子都沿着它放射出来。

4. 必须在二三十分钟的时间内，让思想尽快地流动起来。托尼·巴赞说：

> 大脑必须高速工作，这就使大脑松开了平常的锁链，再也不管习惯性的思维模式，因而就激励了新的、通常也就是很明显的荒诞的一些念头。这些明显的荒诞的念头应该总是让它们进去，因为它们包括了新眼光和打破旧的限制性习惯的关键。

三、一个概念放射性思维的训练节奏

用文字表述搭架——→在创意闪光处加入图形——→在多个图形的关联上加入语言。

1. 以品牌概念为中心，对概念进行分析； 立足消费者，洞察他们的心理，与他们一起思考，一起感受，让各种元素在脑中过电。

2. 从中心点出发，设定出若干不同路线，让思路尽量打开。

3. 在各路线上尽力开发元素，进而展开捕捉闪光元素的行动。

（为方便思考，前三点均用文字搭架，寻找创意闪光点的过程是探险家寻宝的过程，突破常规，才能出奇制胜。）

4. 将有新鲜感的元素用图画鲜活起来，形成导图的闪光点。或者沉思一下，让大脑对导图产生新的观点，继而进行第二次重构。

5. 将几个有趣的闪光点连接起来，发展成一个创意雏形，继而提炼创意文案及广告语言。

四、给受训者的建议与提示

1. 主动参与。不管是“有天赋的”人，还是先前被认为是“平庸的”人，只要他进入适合于个人思考的主题概念（比如：幸福）的练习中，他就能得到大脑的瞬间爆发。

2. 使用图形。图形经常比词汇更具感召力，更精确，也更易于触发广泛的联想，从而加强创造性思维和记忆力。由于95%的人草拟和记笔记的时候不用图形，因此在开展思维导图第二次重构时，必须加入图形。

3. 克服不会画画的心理障碍。托尼·巴赞说：

拒绝使用图形的原因，有一部分是现代人对词汇的强调过于突出，使其成为信息的主要传递工具。也有可能在于许多人（错误地）认为，他已无法画出图来。有两种广为流传的有害信息导致了现代人拒绝开发自己的画画技艺：一是认为图画和色彩多少有些原始、小孩子气、不成熟；二是认为画画和重复画一些图形是上帝赋予极少数人的技巧（实际上是上帝给所有人的天赋）。大家必须克服害怕画得太“差”的心理。不要管最开始画得有多差，因为人脑尝试然后成功这是本质，这些练习会形成第一层基础，在这个基础上一定会、而且不可避免地会得到进步。

第二节 学生思维导图命题练习作业

以下是“人性化”、“美”、“品味”、“健康”、“眼光”、“担子”、“传统”、“自然”等概念的学生思维导图练习作业（图 4—2—1~图 4—27—2）。

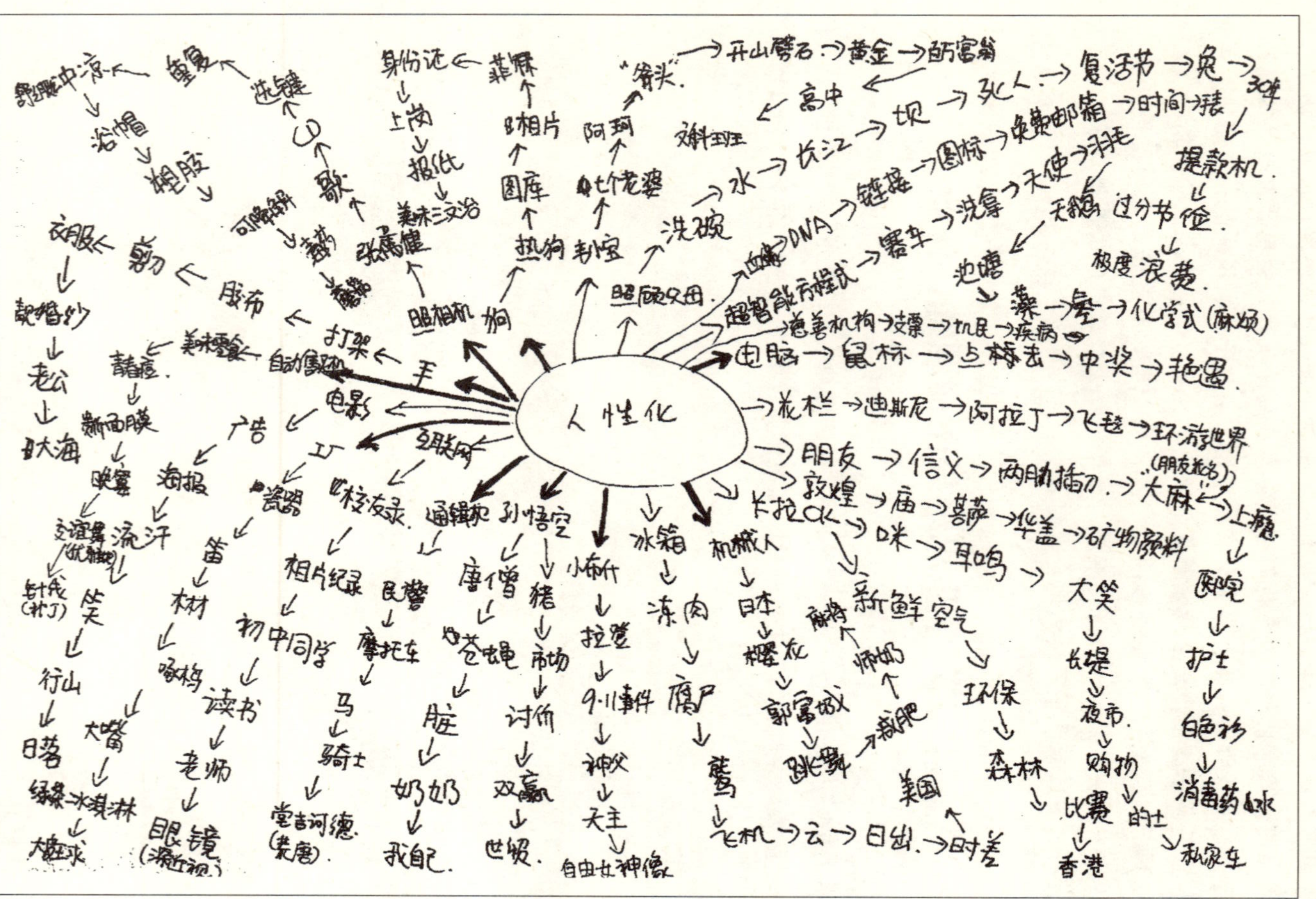

图4—2—1　命题概念：人性化（文字搭架）　作者：曾嘉欣（2000级 装潢一班）

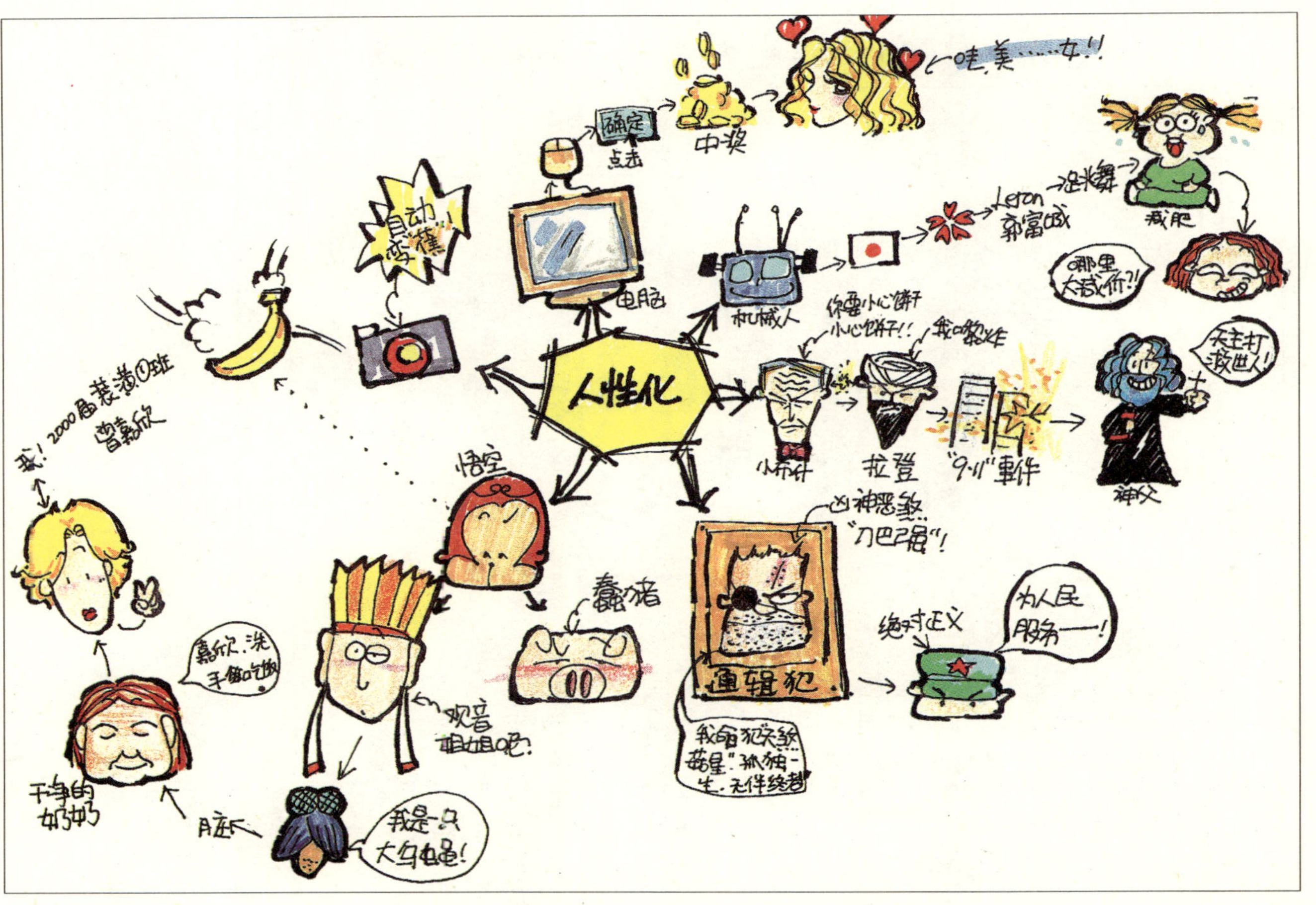

图4—2—2　命题概念：人性化（第2次重构）　作者：曾嘉欣（2000级　装潢一班）

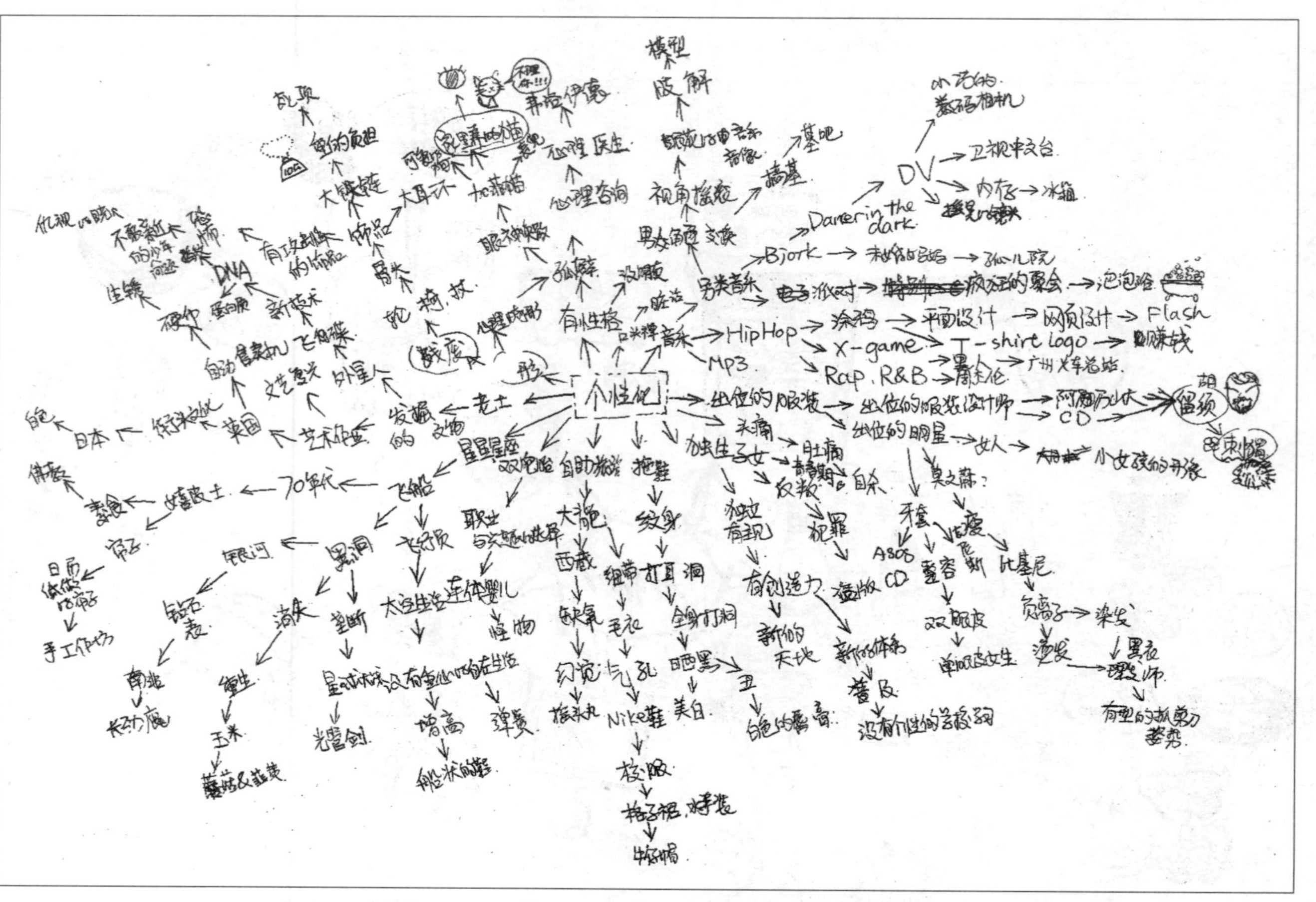

图 4—3—1　命题概念：人性化（文字搭架）　作者：梁楚鸣（2000级　装潢二班）

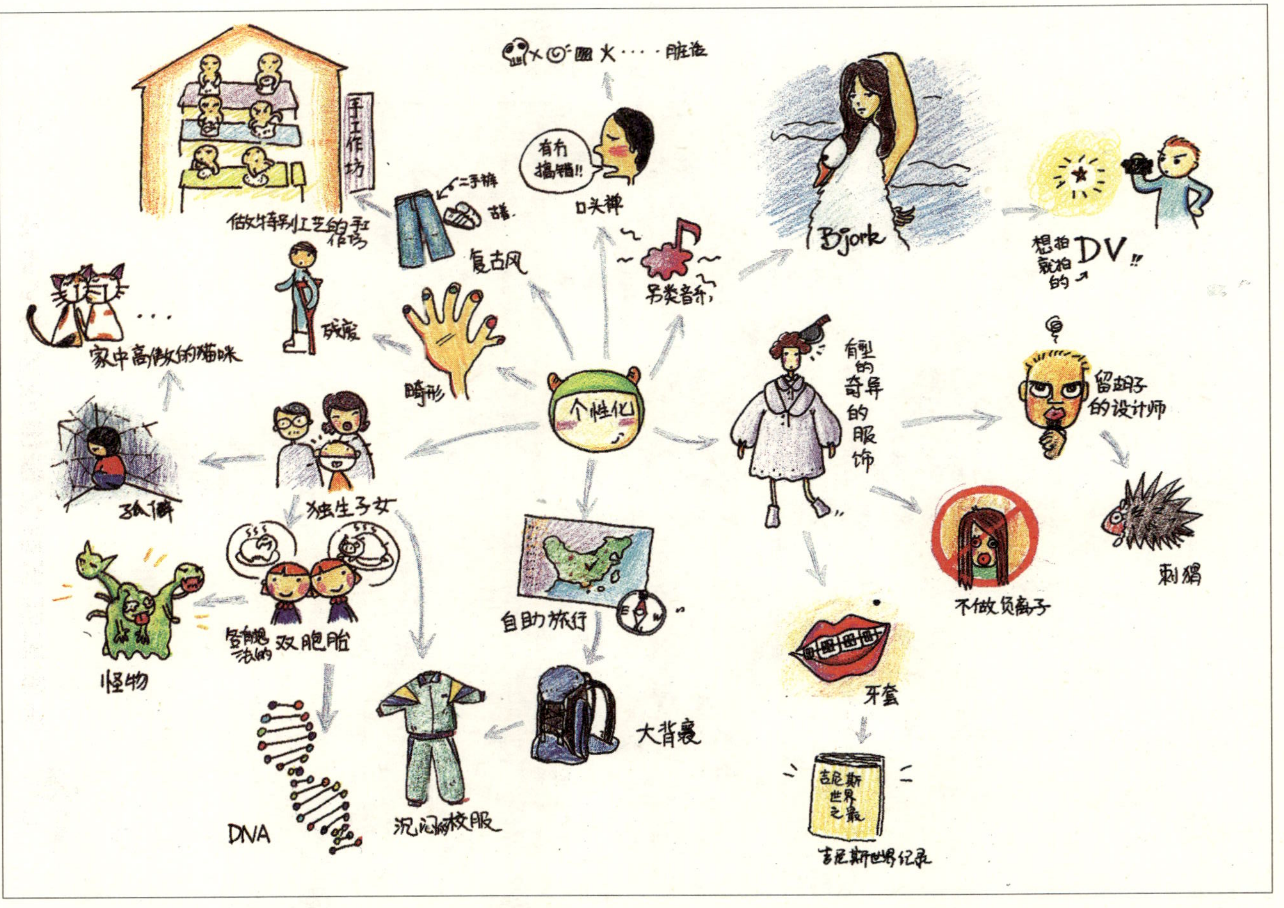

图4—3—2　命题概念：人性化(第2次重构)　　作者：梁楚鸣(2000级　装潢二班)

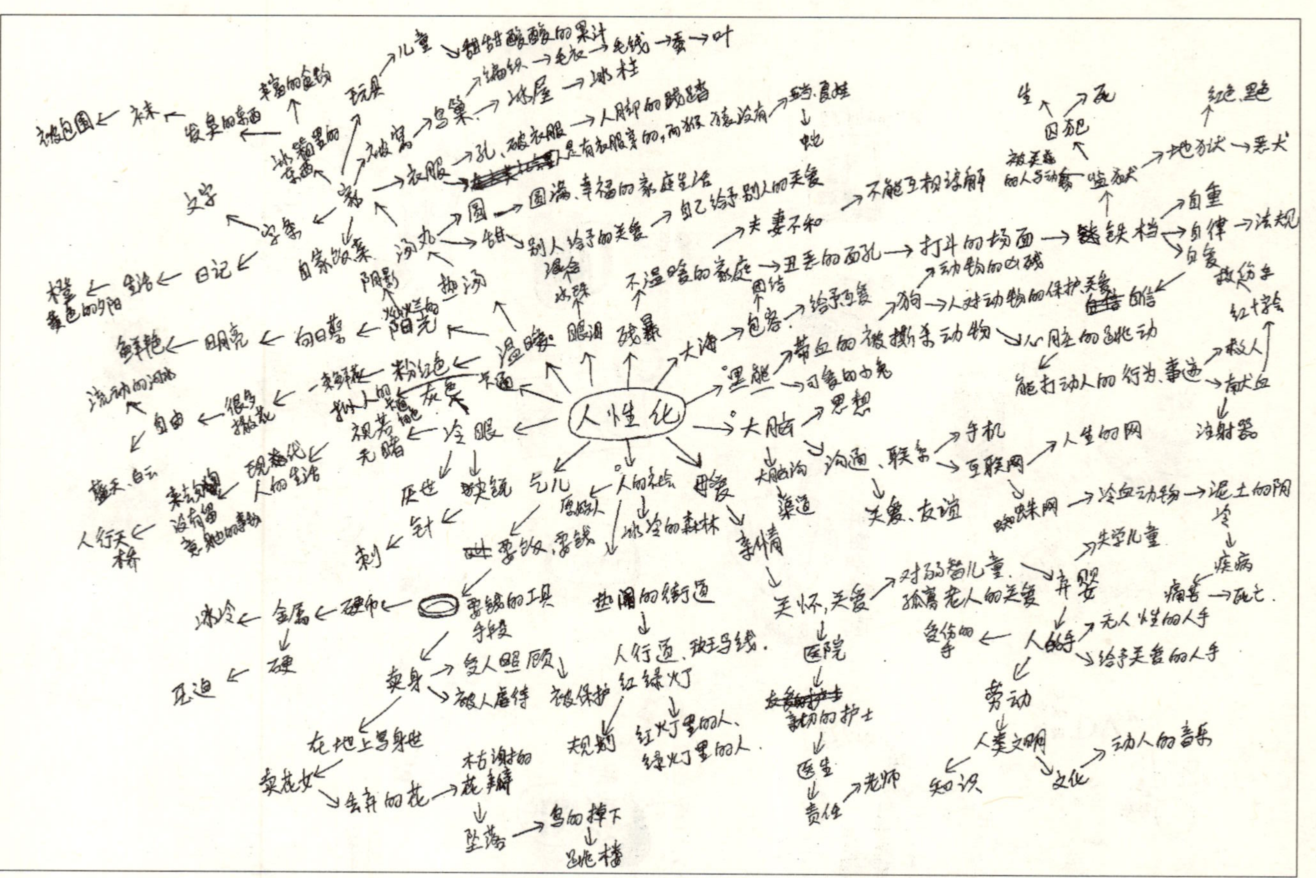

图4—4—1　命题概念：人性化(文字搭架)　作者：邓少君(2000级 装潢一班)

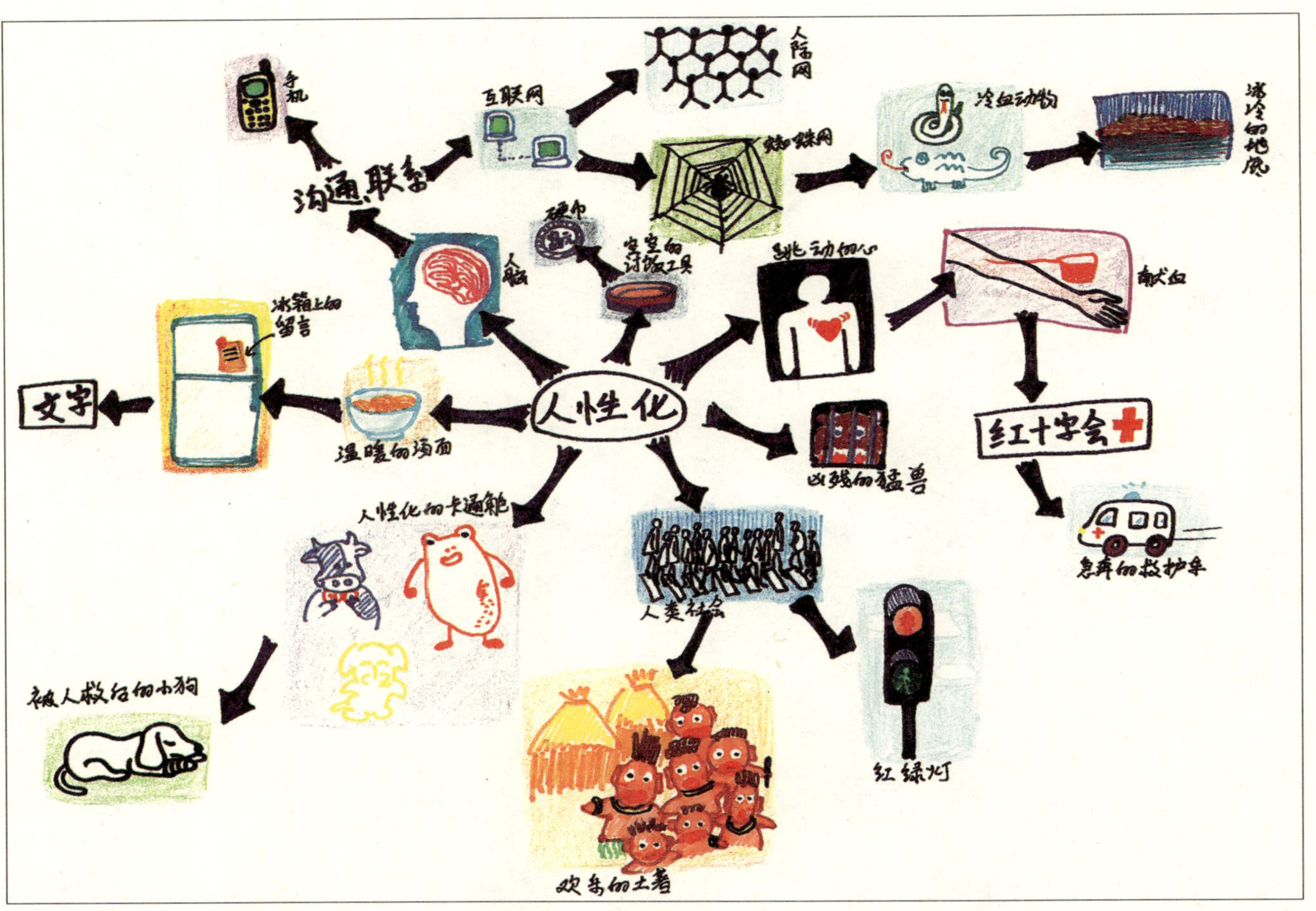

图4—4—2　命题概念：人性化（第2次重构）　作者：邓少君（2000级 装潢一班）

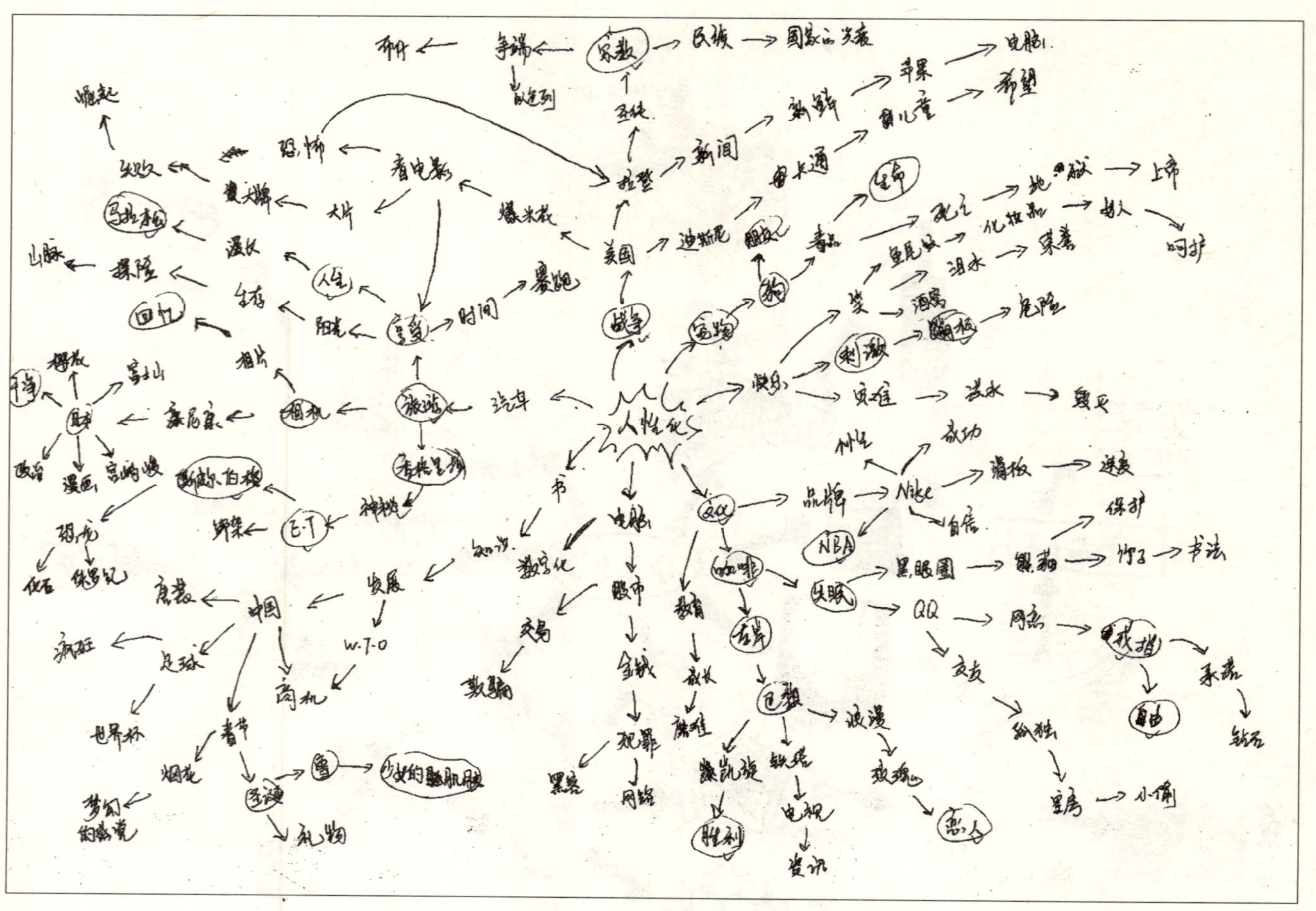

图4—5—1 命题概念：人性化（文字搭架） 作者：李棠（2000级 装潢一班）

图4—5—2 命题概念：人性化（第2次重构） 作者：李棠（2000级 装潢一班）

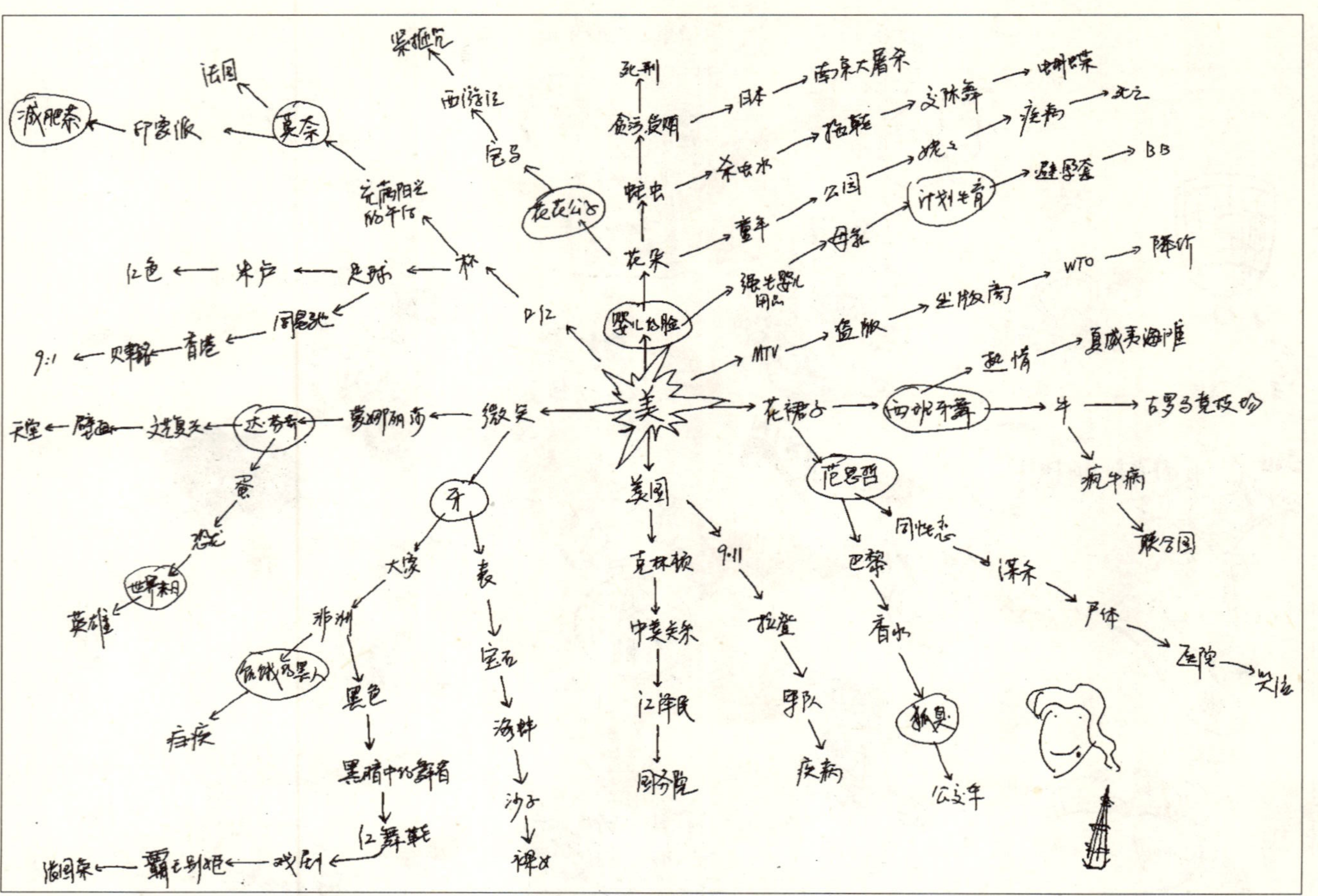

图4—6—1　命题概念：美(文字搭架)　作者：张月(2000级 美术教育 选修广告设计)

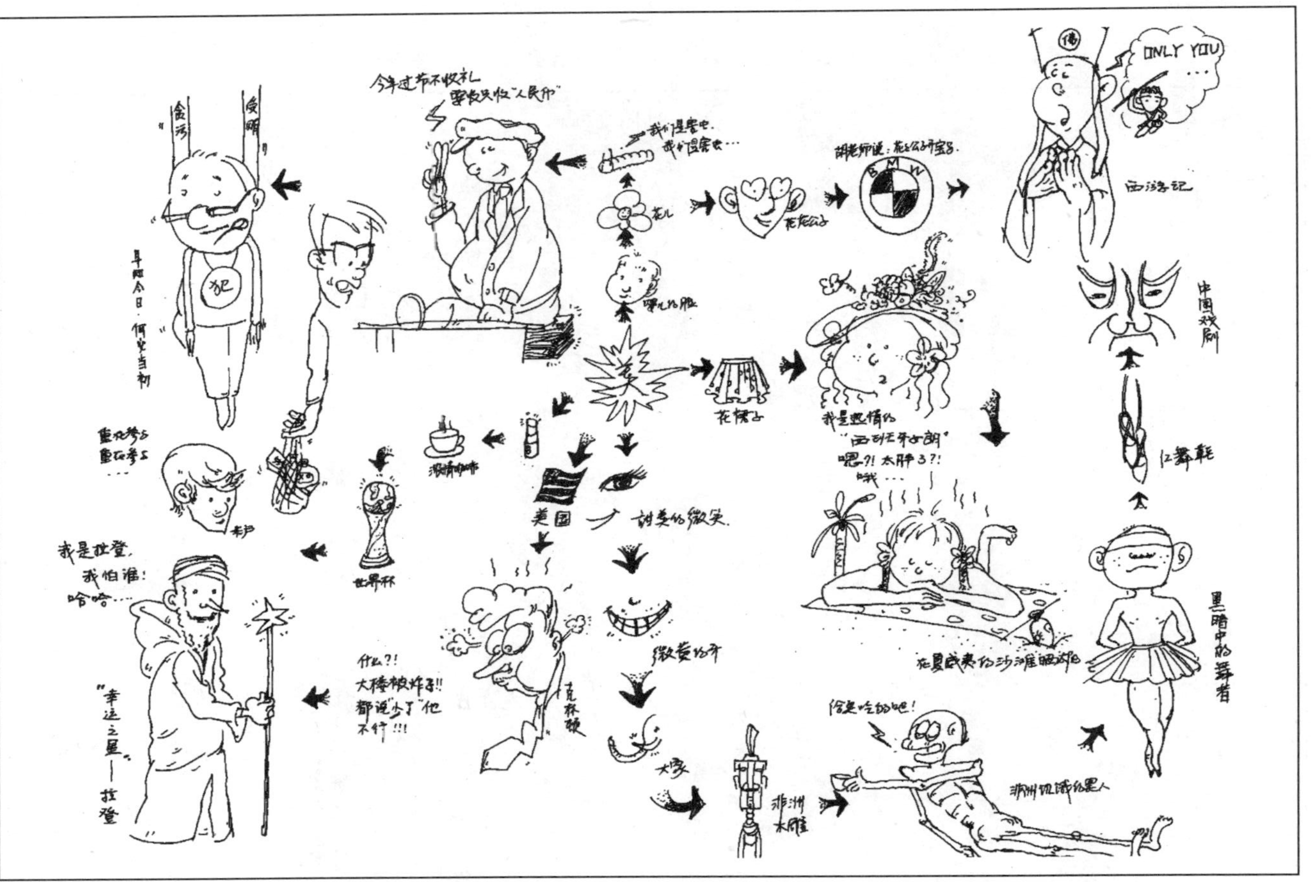

图4—6—2　命题概念：美(第2次重构)　作者：张月(2000级　美术教育　选修广告设计)

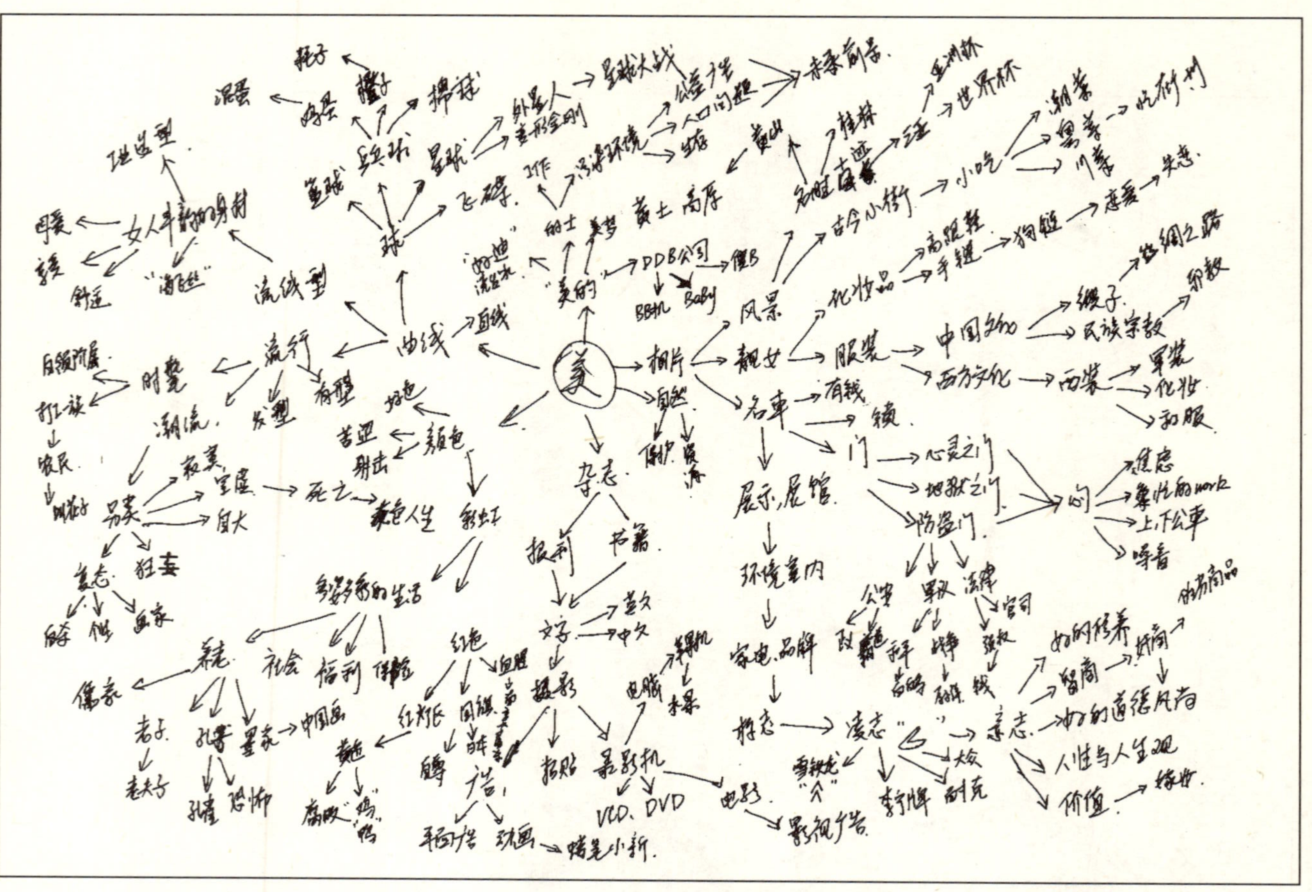

图4—7—1　命题概念：美（文字搭架）　作者：李晓龙（2000级 美术教育 选修广告设计）

图4—7—2　命题概念：美(第2次重构)　作者：李晓龙(2000级 美术教育 选修广告设计)

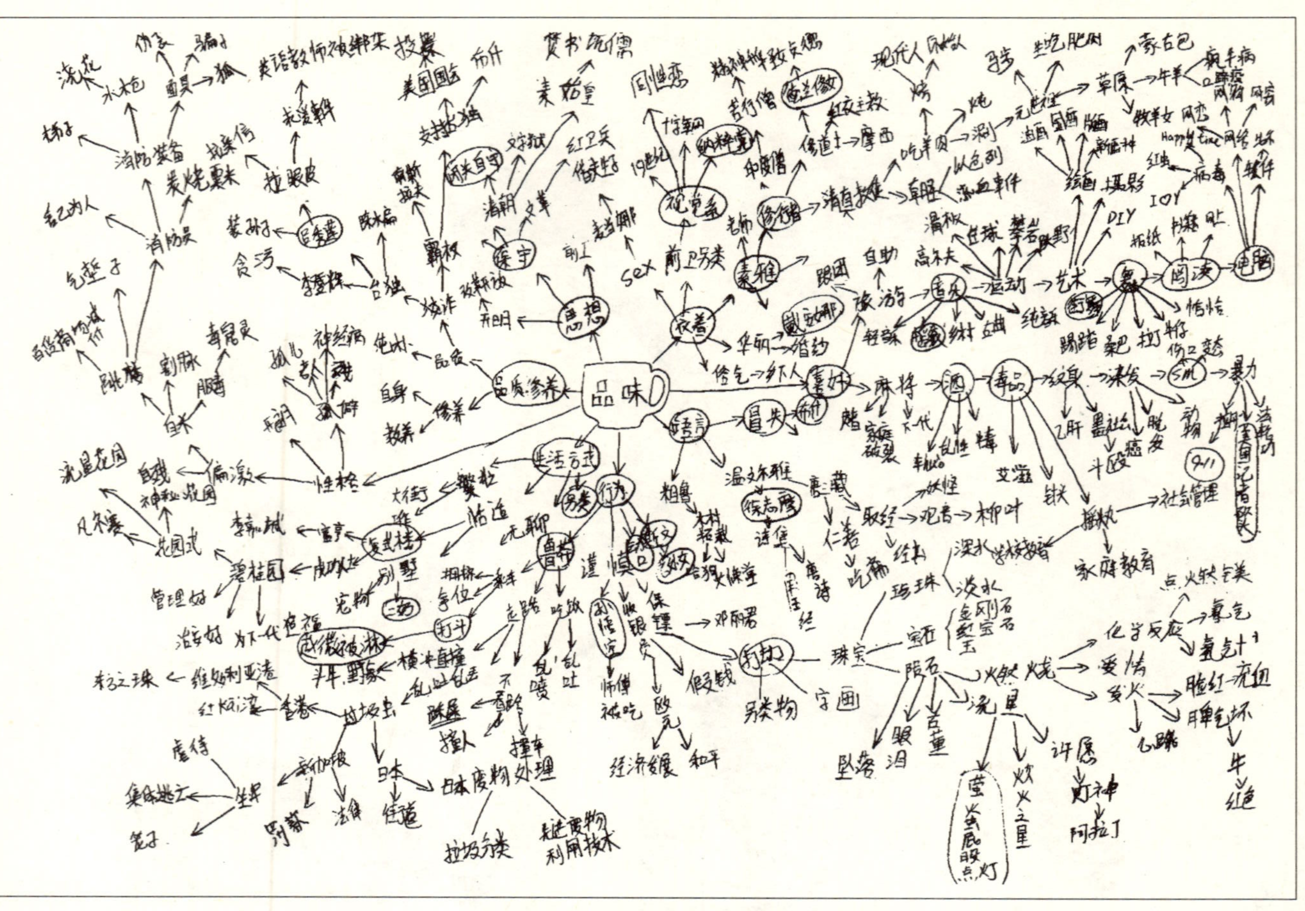

图4—8—1　命题概念：品味（文字搭架）　作者：孙玲（2000级　装潢二班）

图4—8—2　命题概念：品味（第2次重构）　作者：孙玲（2000级　装潢二班）

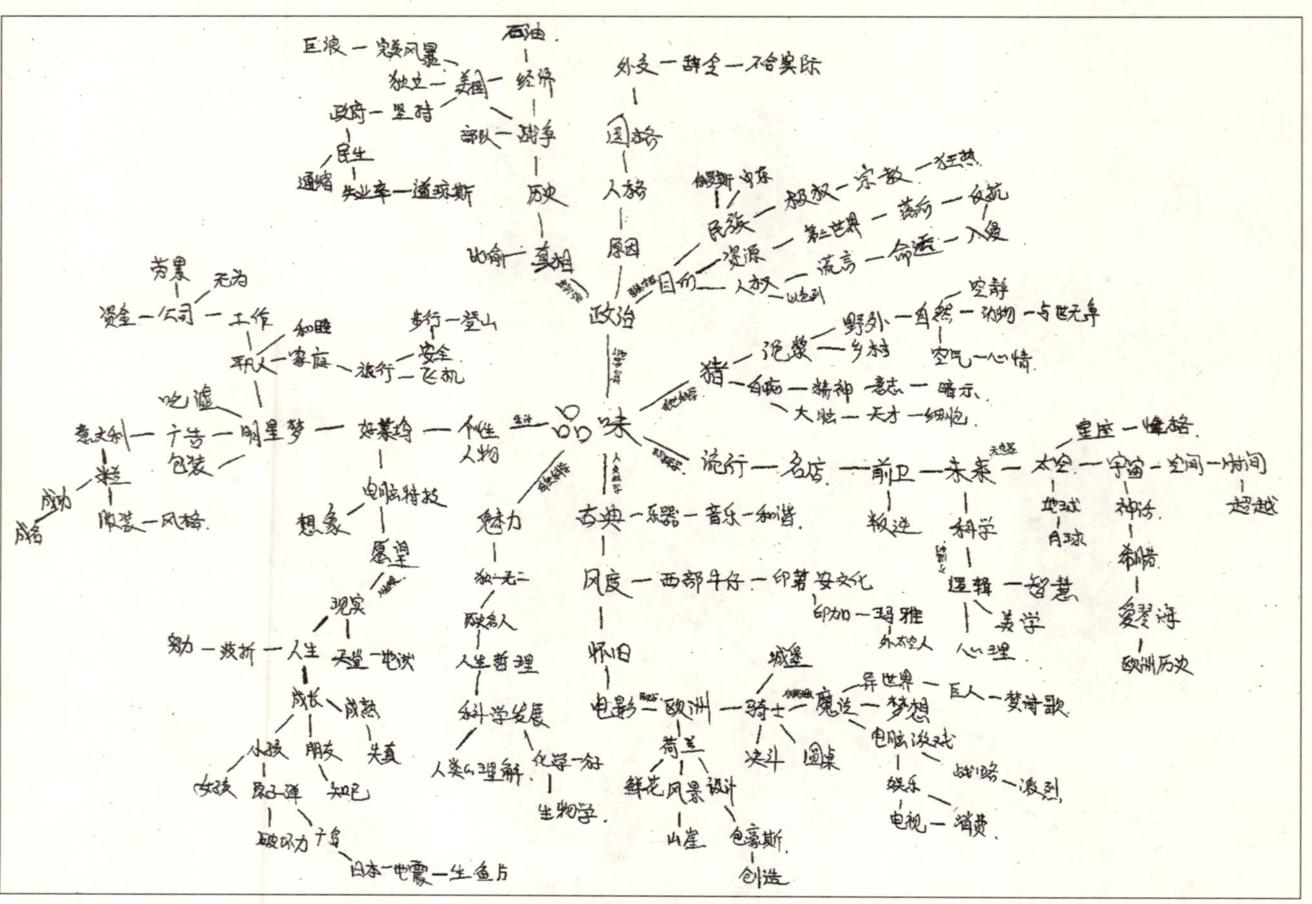

图4—9—1 命题概念：品味（文字搭架） 作者：佘恬（2000级 装潢二班）

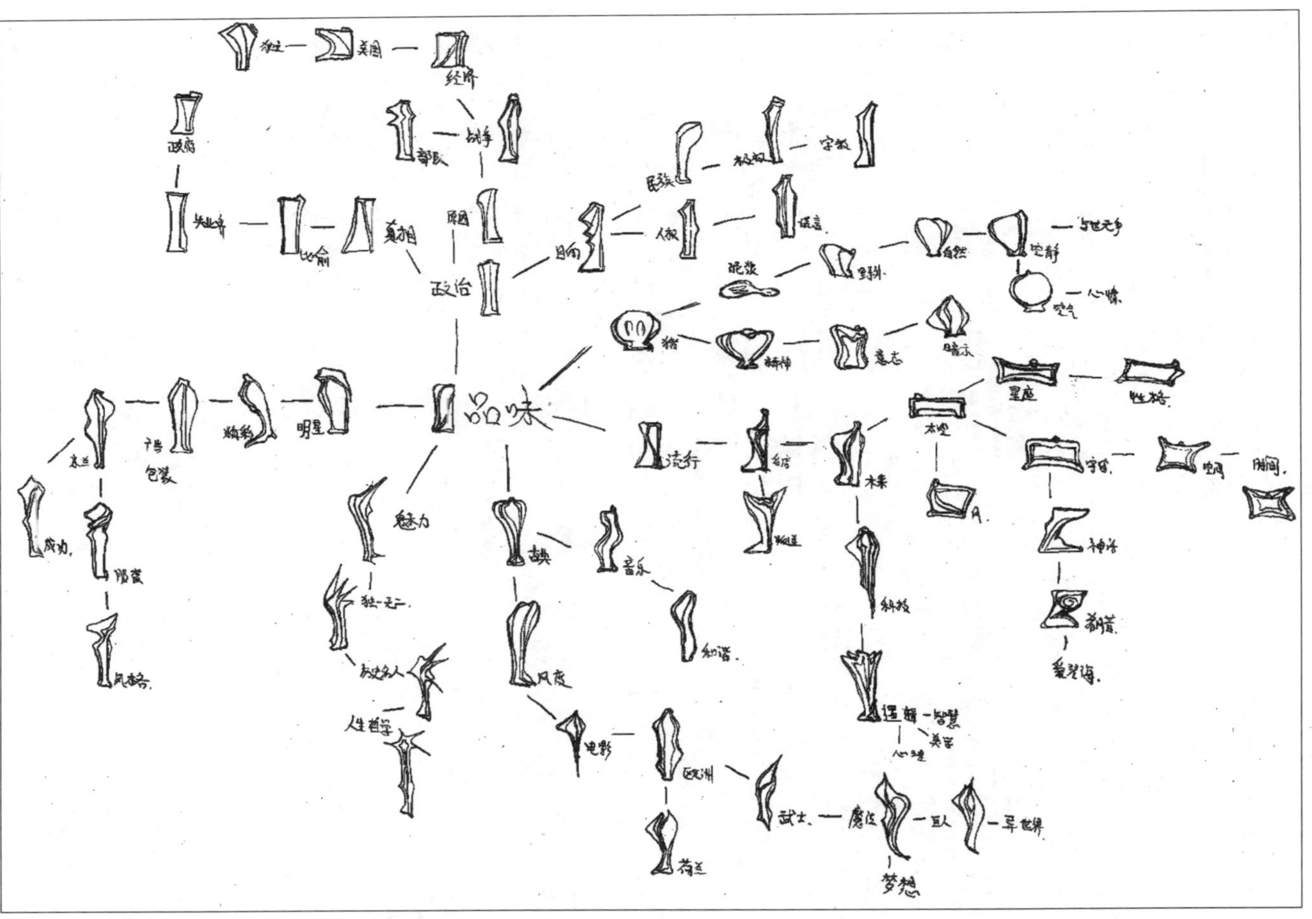

图4—9—2　命题概念：品味（第2次重构）　作者：余恬（2000级　装潢二班）

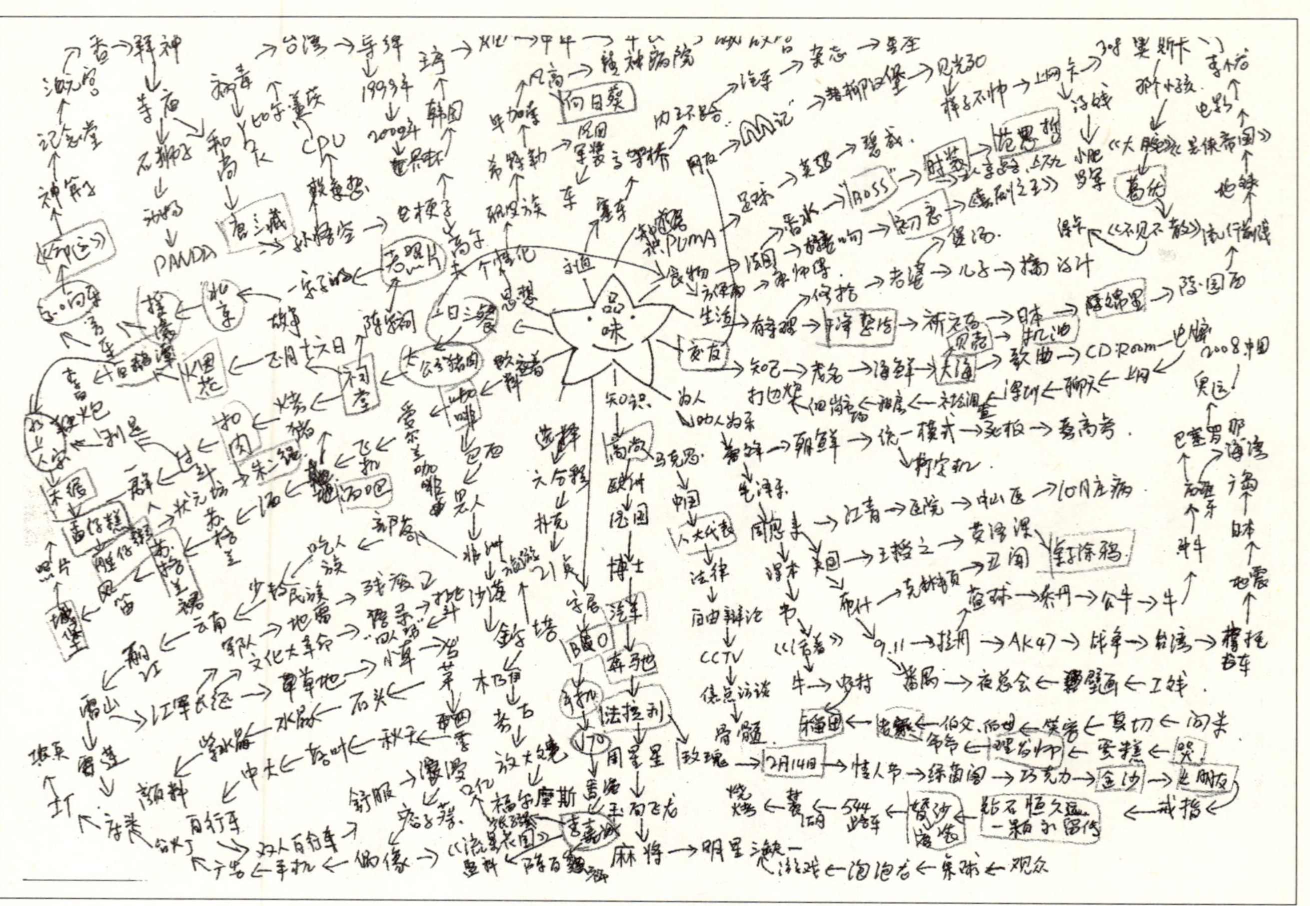

图4—10—1 命题概念：品味（文字搭架） 作者：梁春（2000级 装潢二班）

图4—10—2 命题概念：品味(第2次重构) 作者：梁春(2000级 装潢二班)

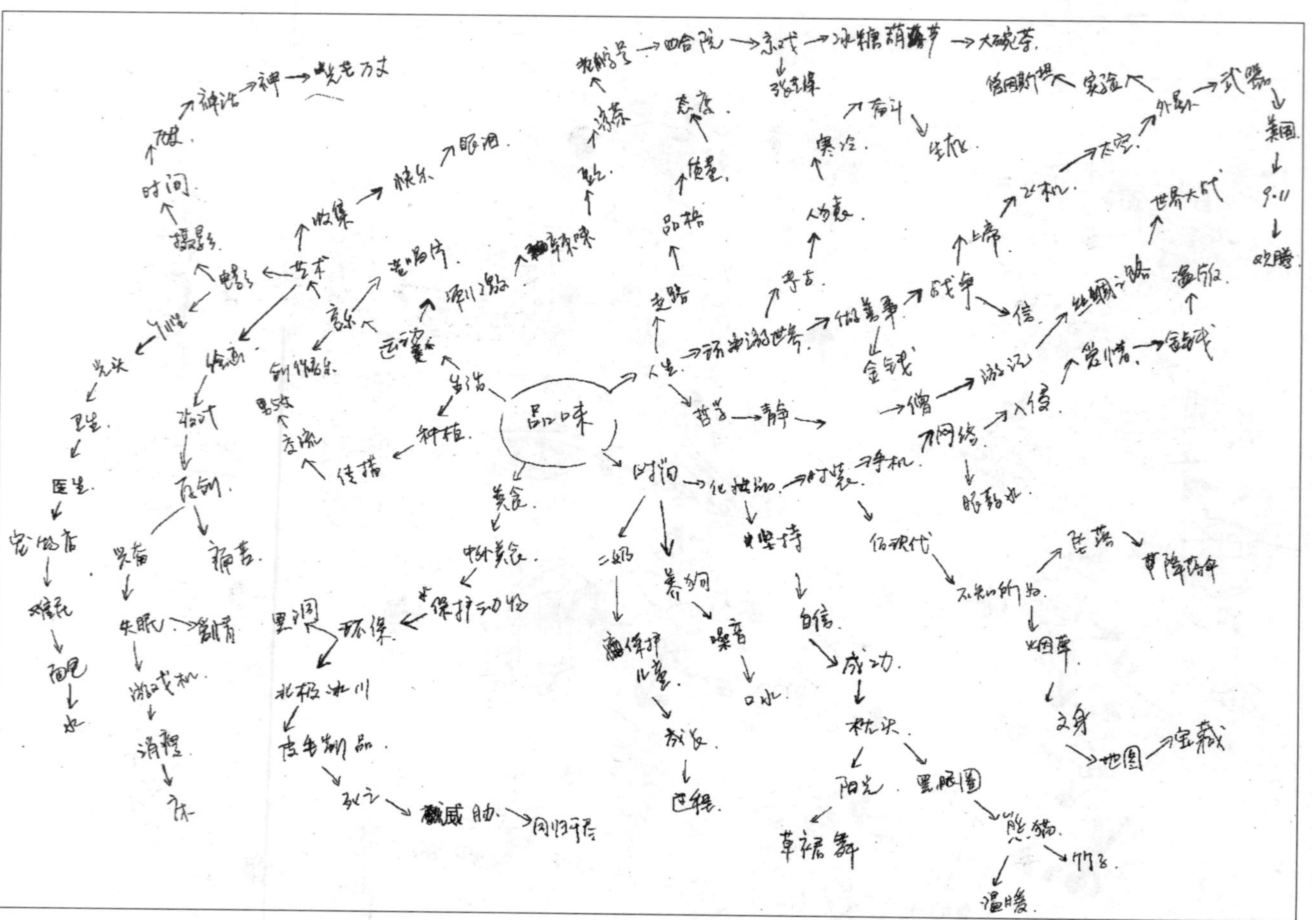

图4—11—1 命题概念：品味（文字搭架） 作者：蔡丹（2000级 装潢二班）

图4—11—2　命题概念:品味(第2次重构)　作者:蔡丹(2000级 装潢二班)

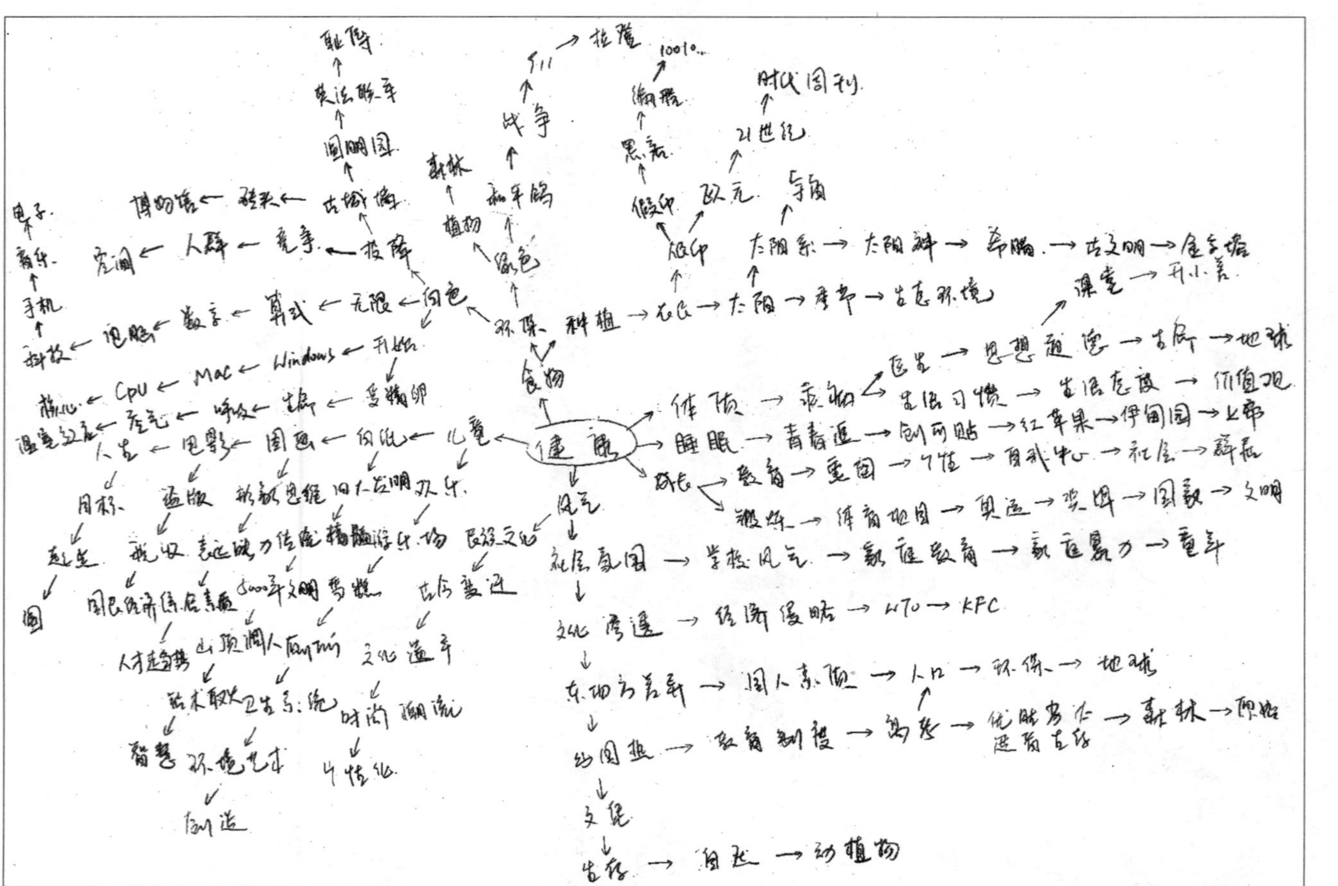

图4—12—1　命题概念：健康（文字搭架）　作者：黎泳（2000级　装潢一班）

图4—12—2　命题概念：健康（第2次重构）　作者：黎泳（2000级　装潢一班）

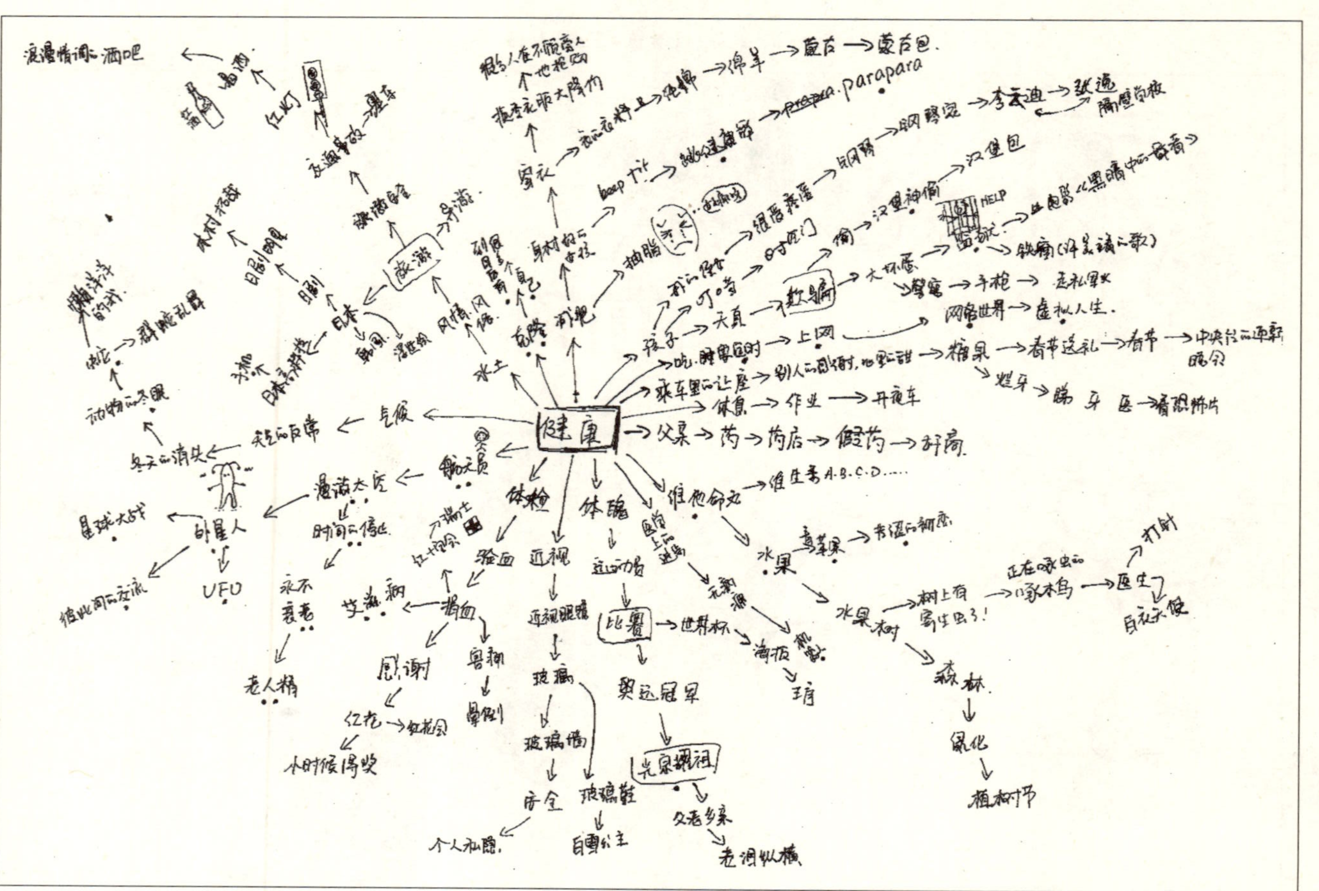

图4—13—1　命题概念：健康（文字搭架）　作者：周慧玲（2000级　装潢一班）

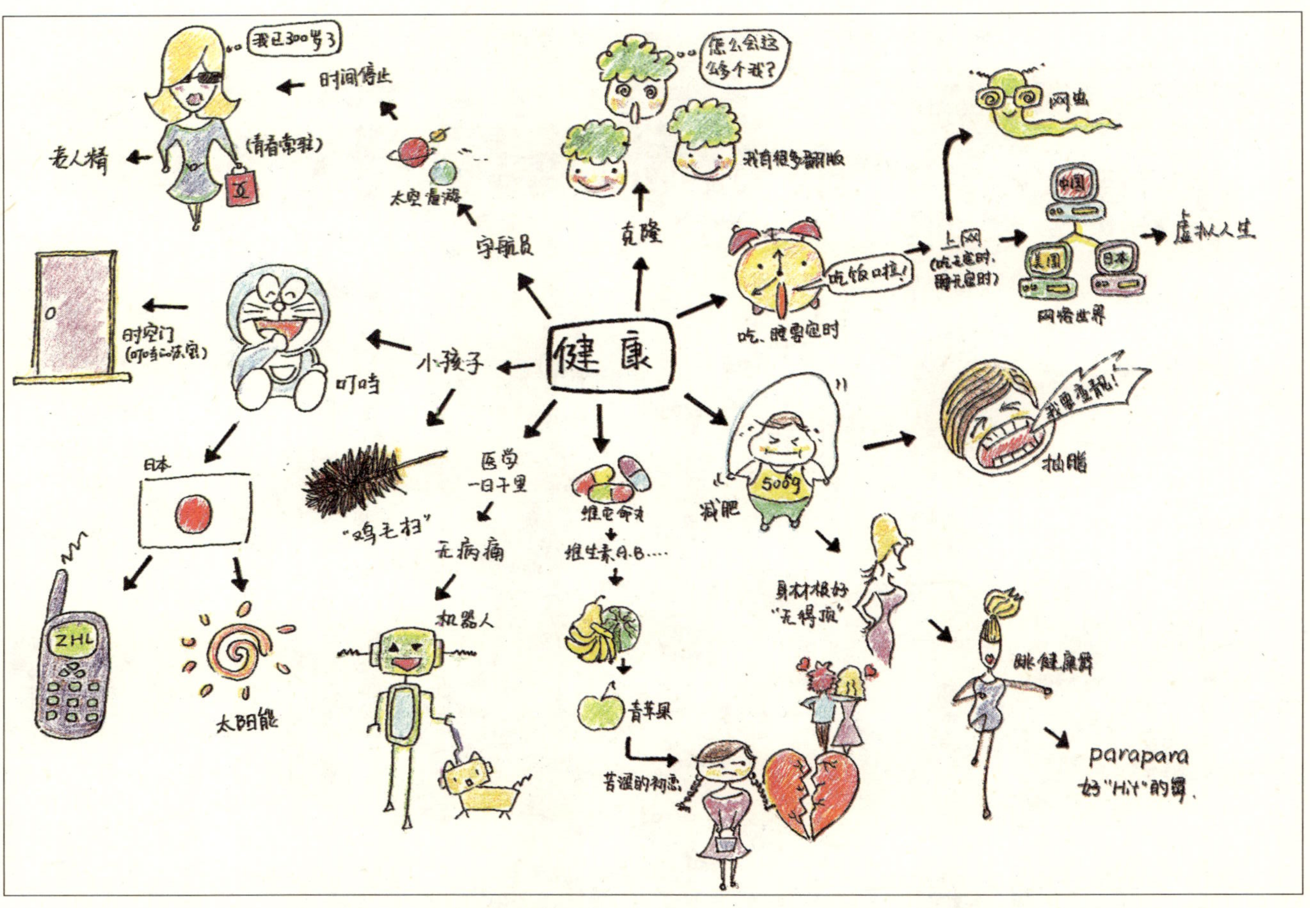

图4—13—2　命题概念：健康（第2次重构）　作者：周慧玲（2000级　装潢一班）

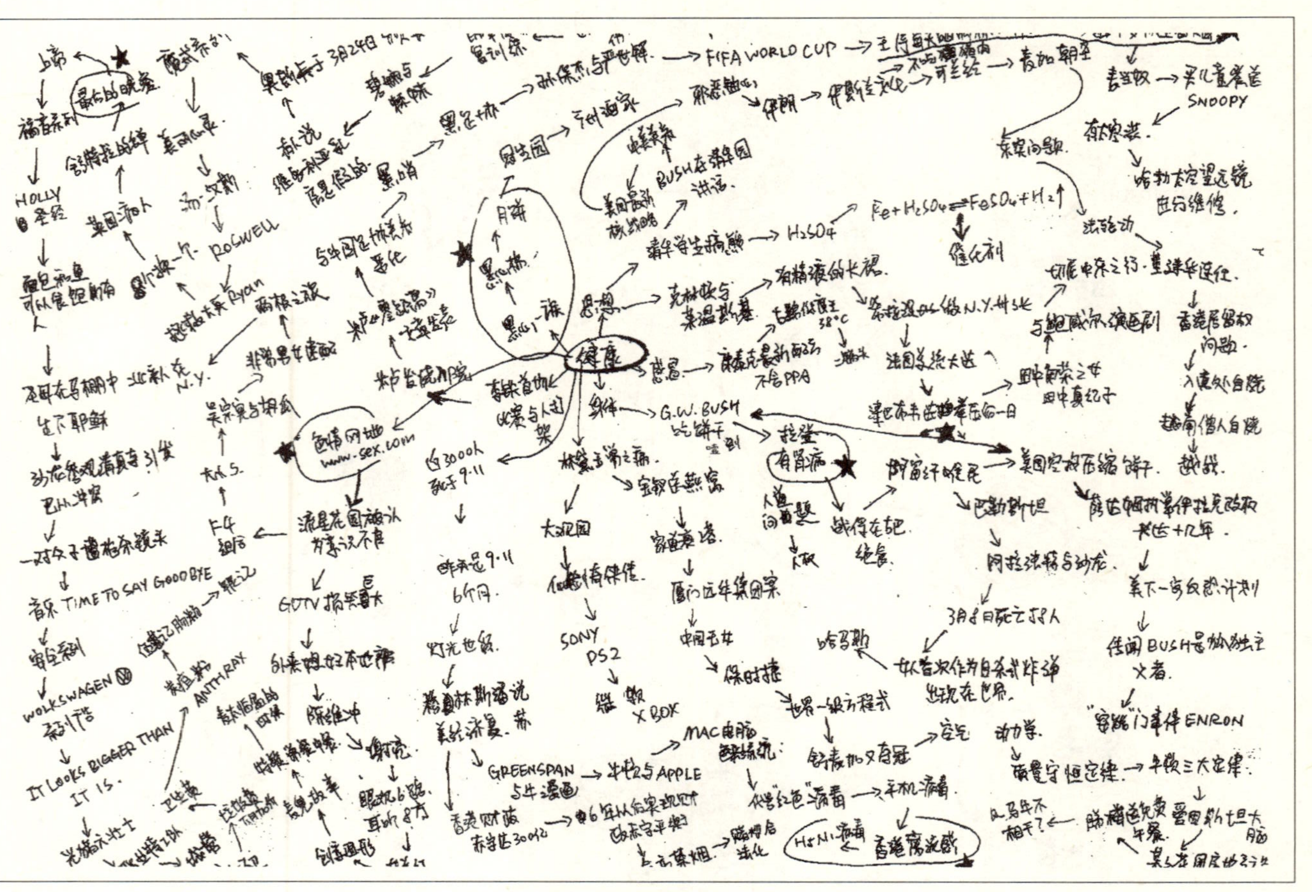

图4—14—1　命题概念：健康（文字搭架）　作者：林栩（2000级　装潢一班）

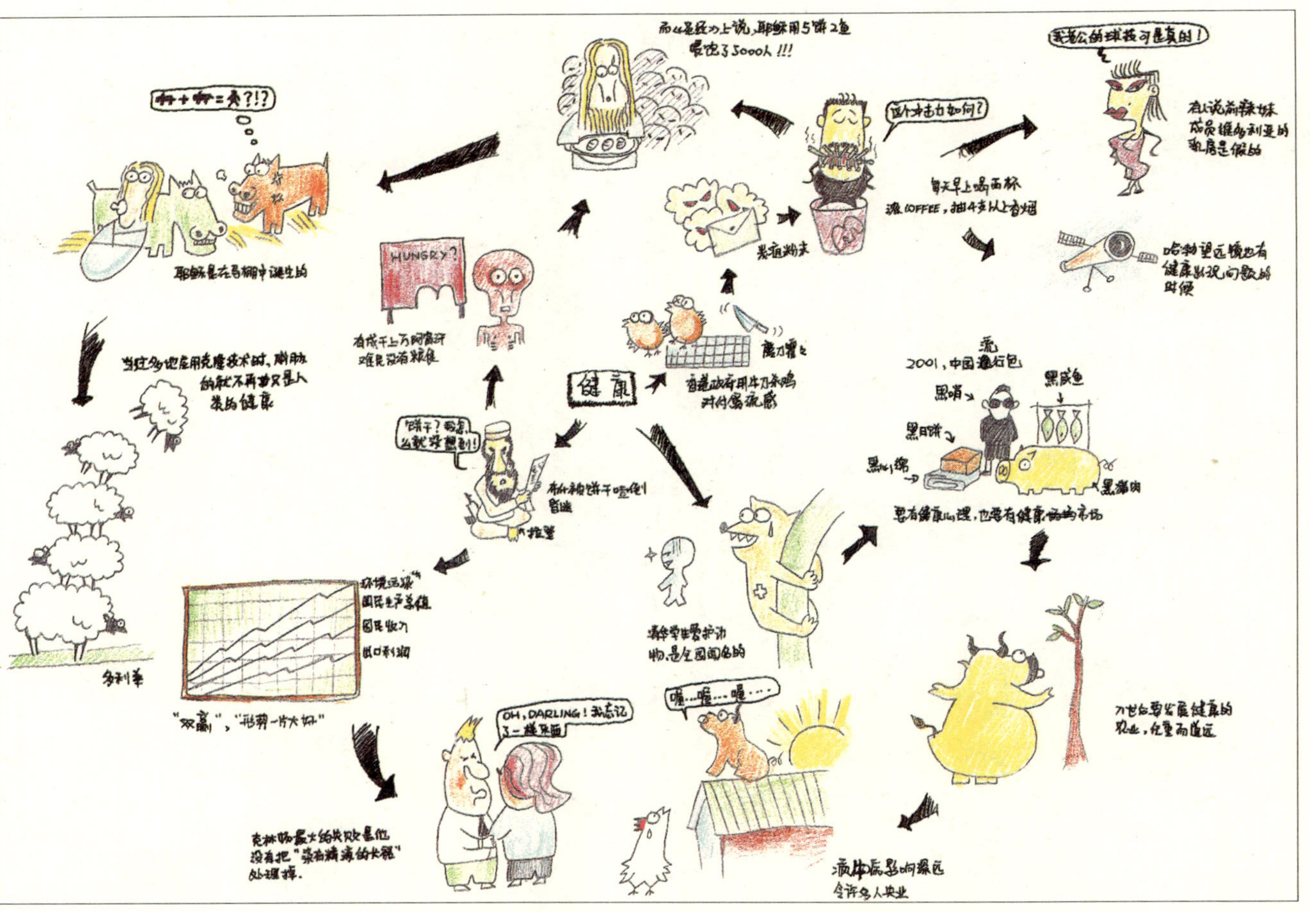

图4—14—2　命题概念：健康（第2次重构）　作者：林翔（2000级　装潢一班）

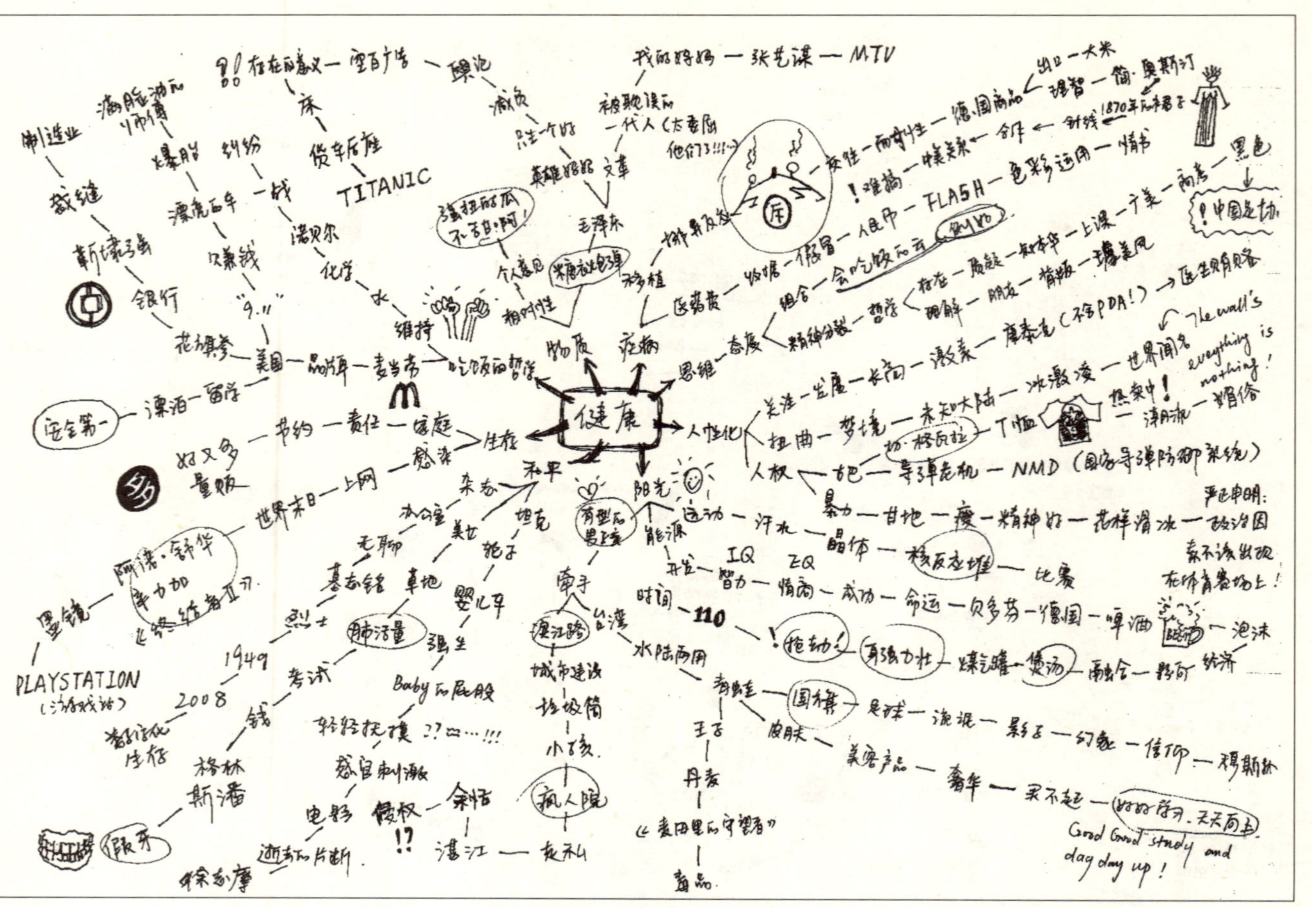

图4—15—1　命题概念：健康（文字搭架）　作者：郭霓（2000级　装潢一班）

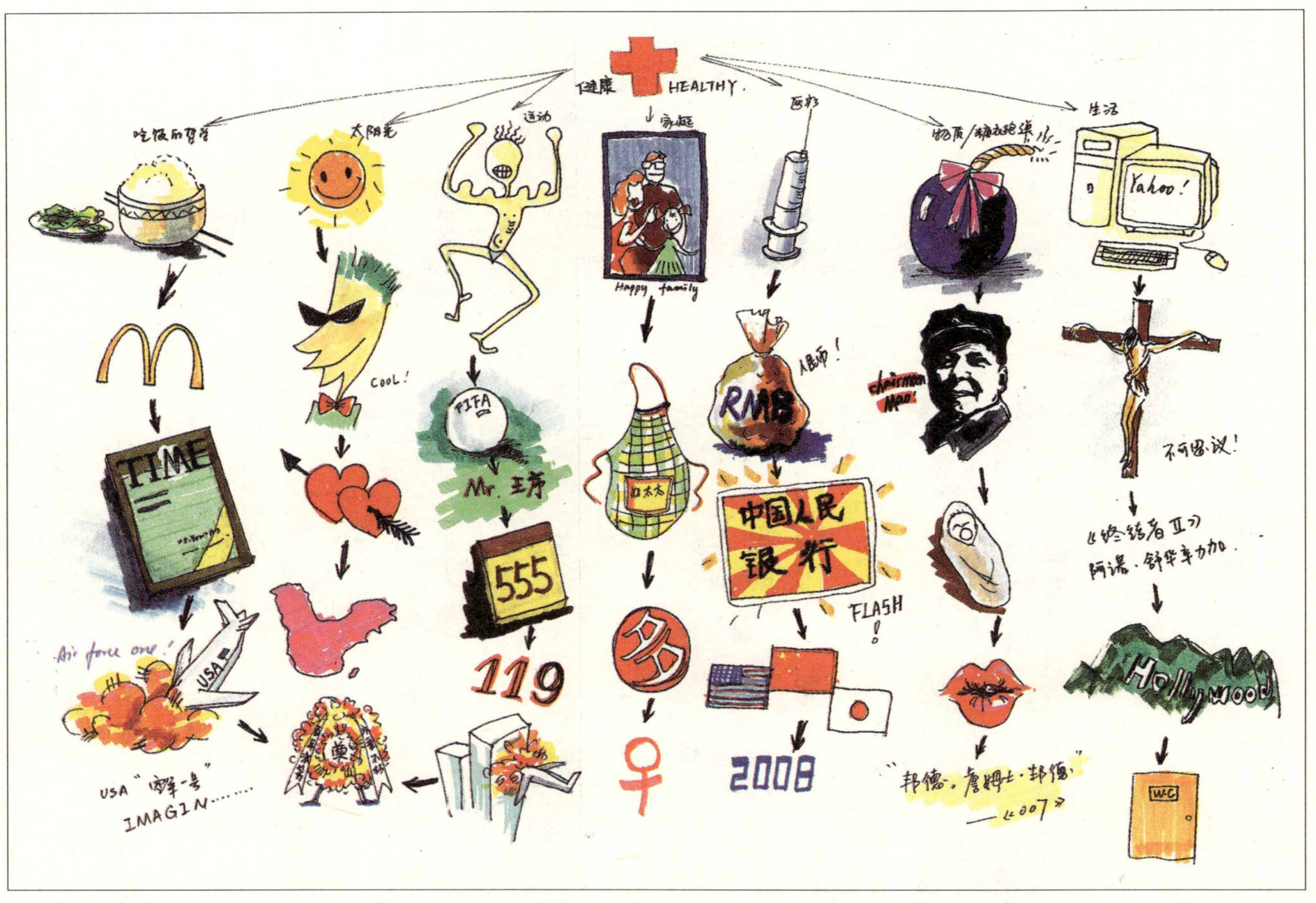

图4—15—2　命题概念：健康（第2次重构）　作者：郭霓（2000级　装潢一班）

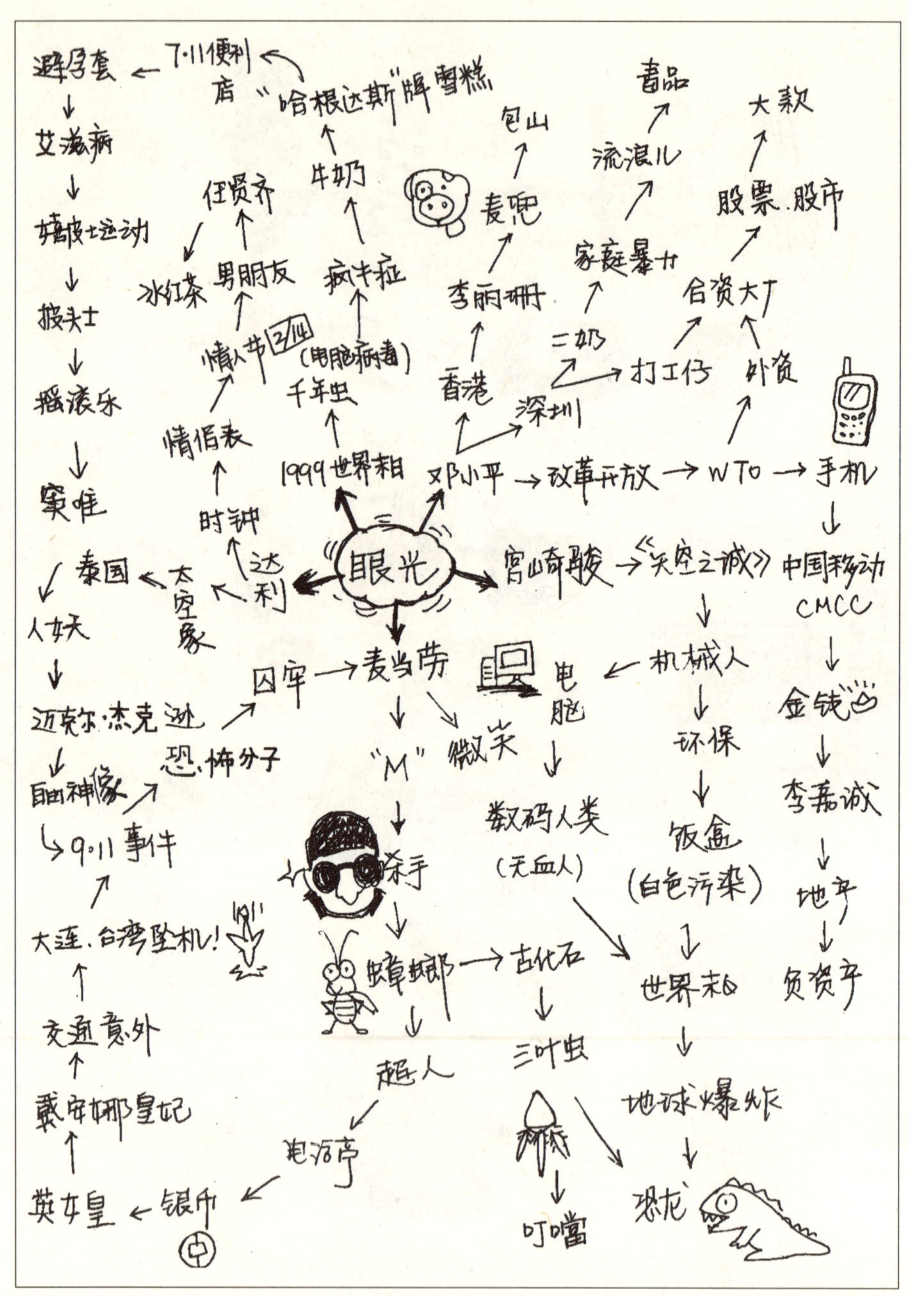

图4—16—1 命题概念：眼光（文字搭架） 作者：黄敏冬（99级 服装 选修广告设计）

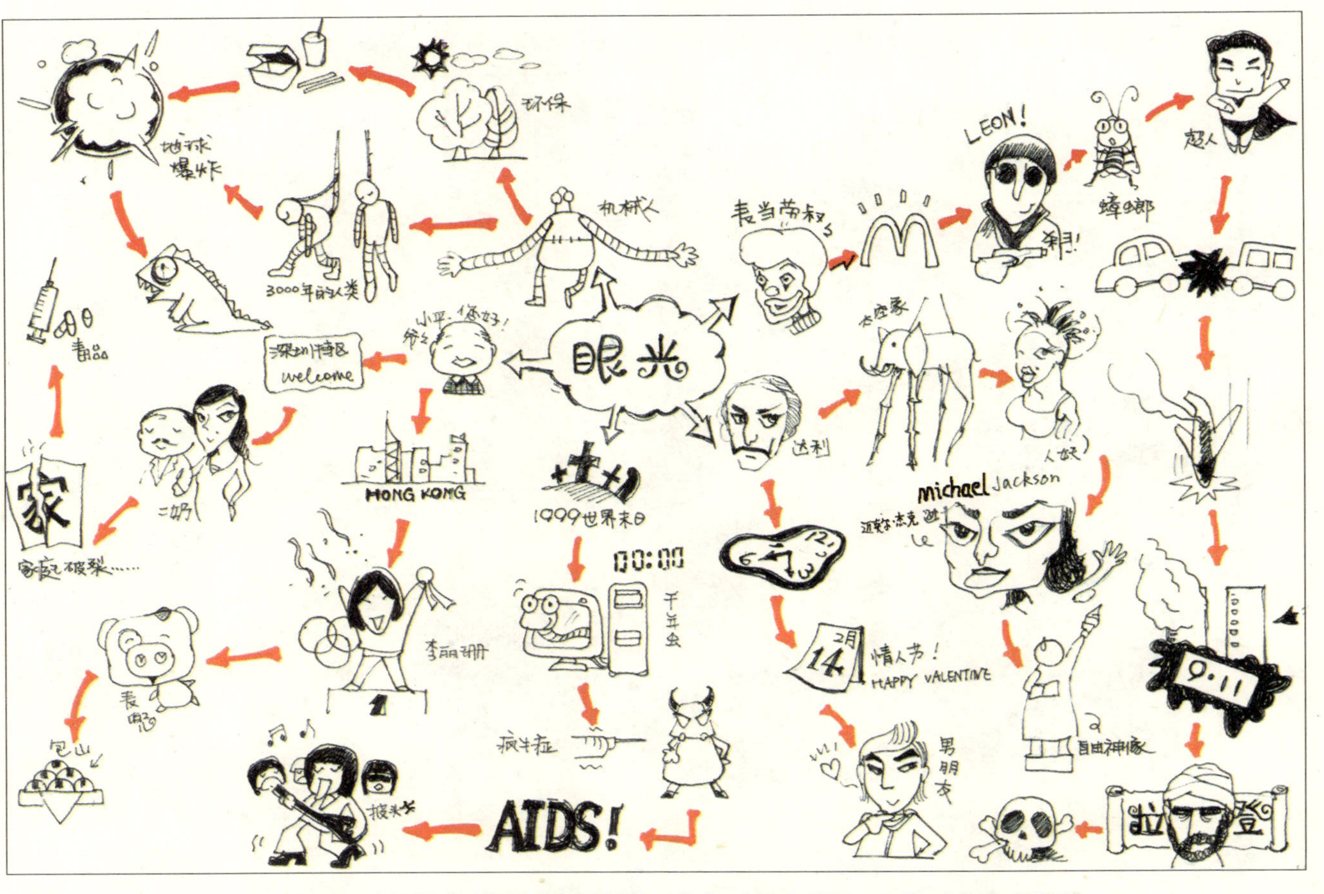

图4—16—2　命题概念：眼光（第2次重构）　作者：黄敏冬（99级　服装　选修广告设计）

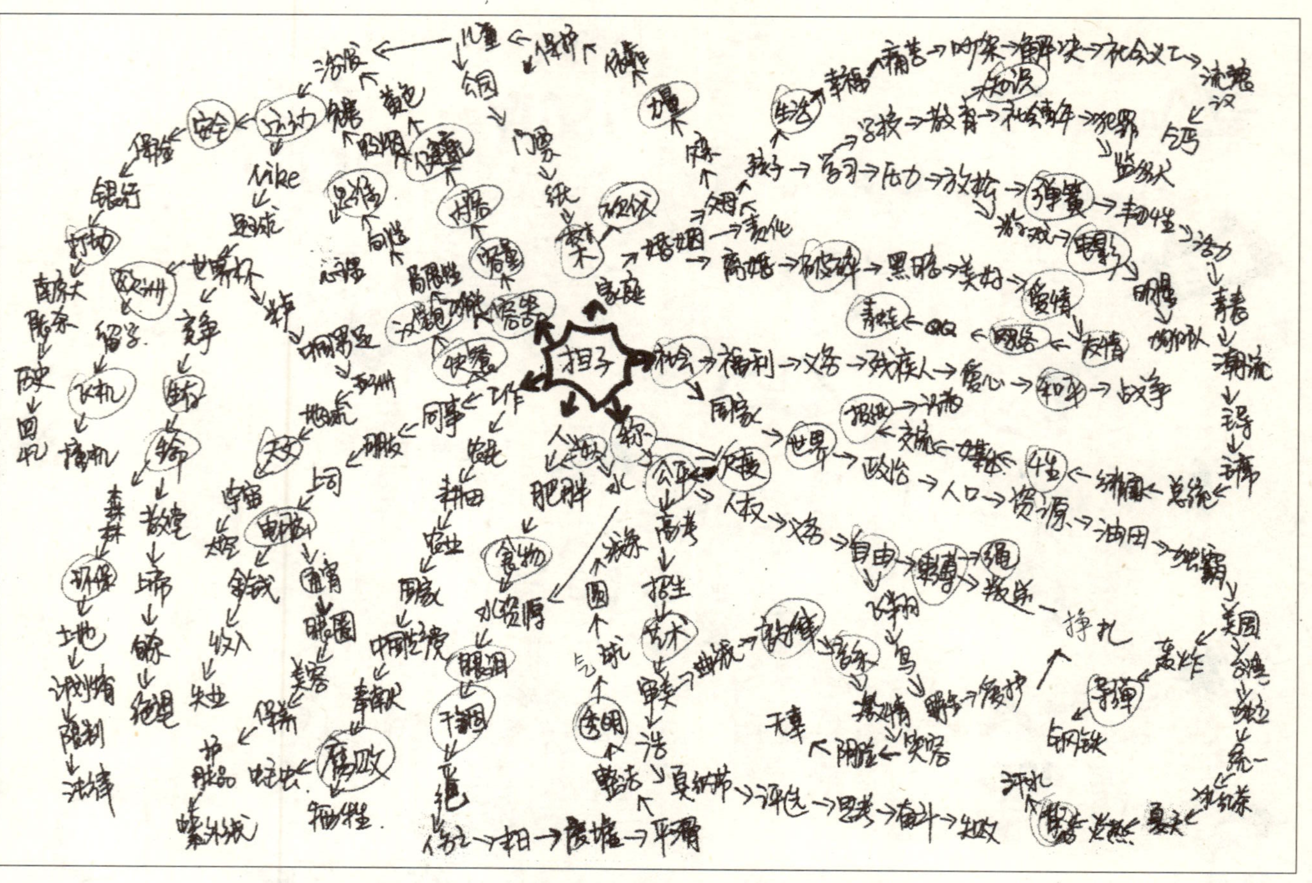

图4—17—1　命题概念：担子（文字搭架）　作者：麦瑜瑜（99级　新媒介　选修广告设计）

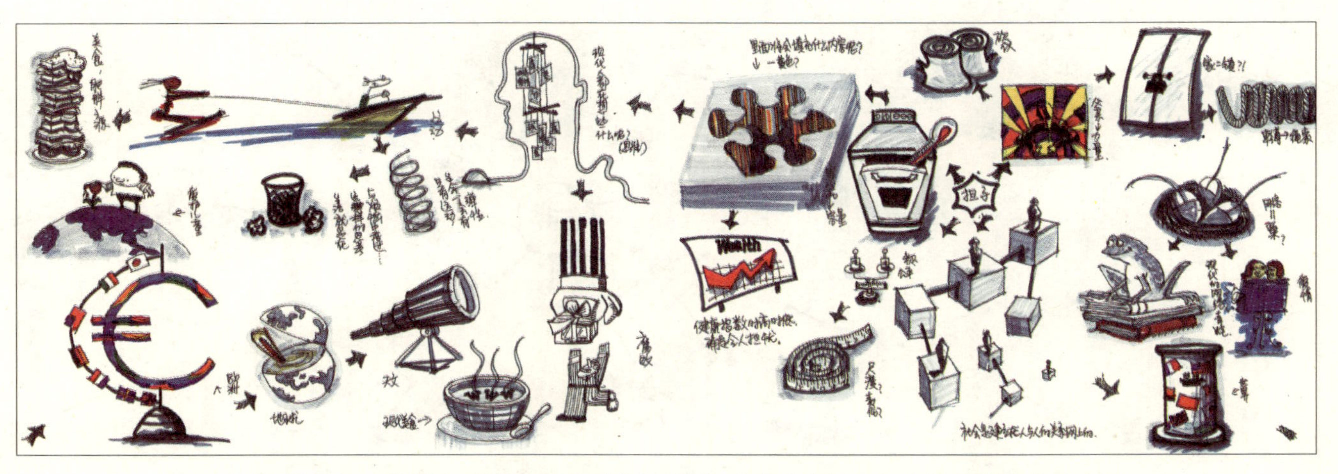

图4—17—2　命题概念：担子(第2次重构)　作者：麦瑜瑜(99级 新媒介 选修广告设计)

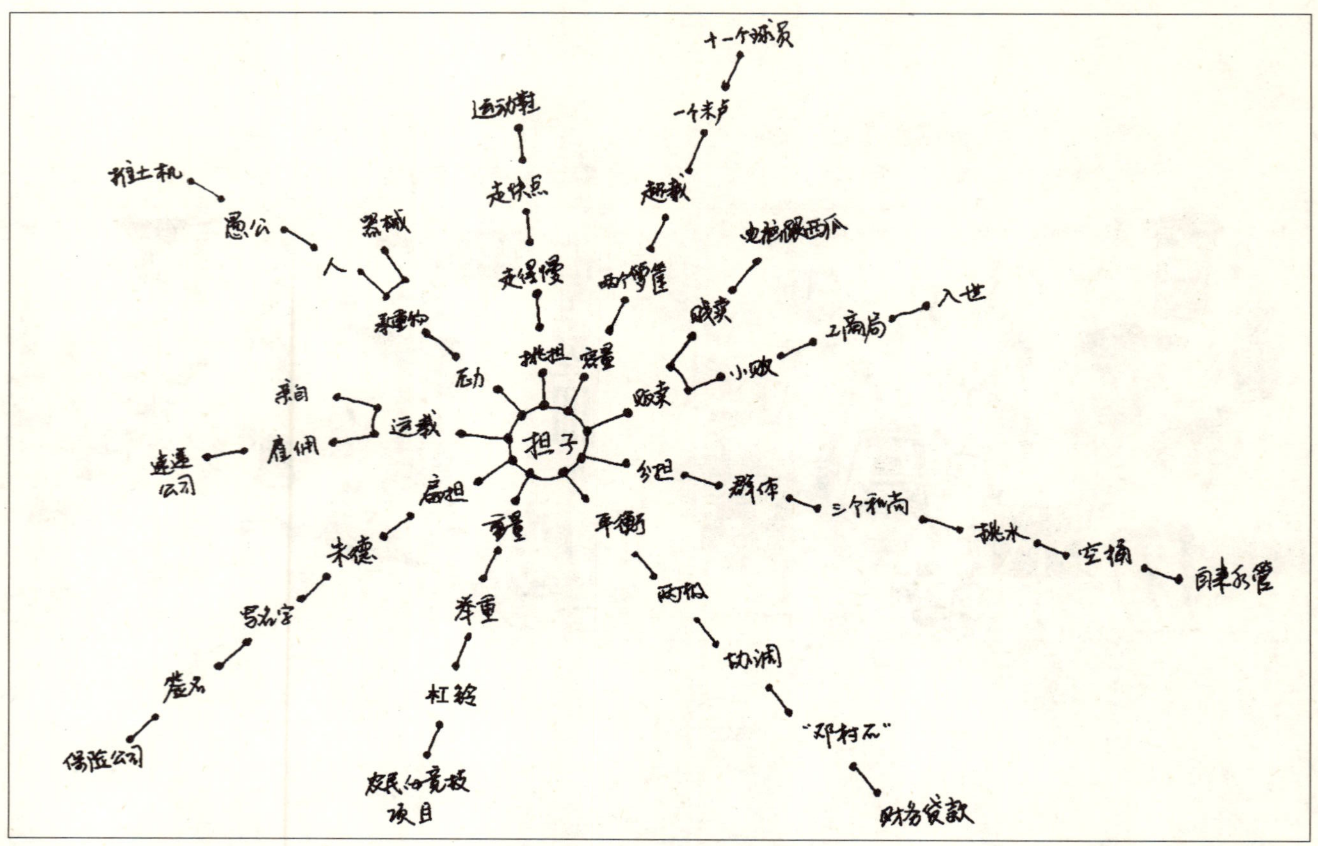

图4—18—1　命题概念：担子（文字搭架）　作者：朱鼎亮（99级　新媒介　选修广告设计）

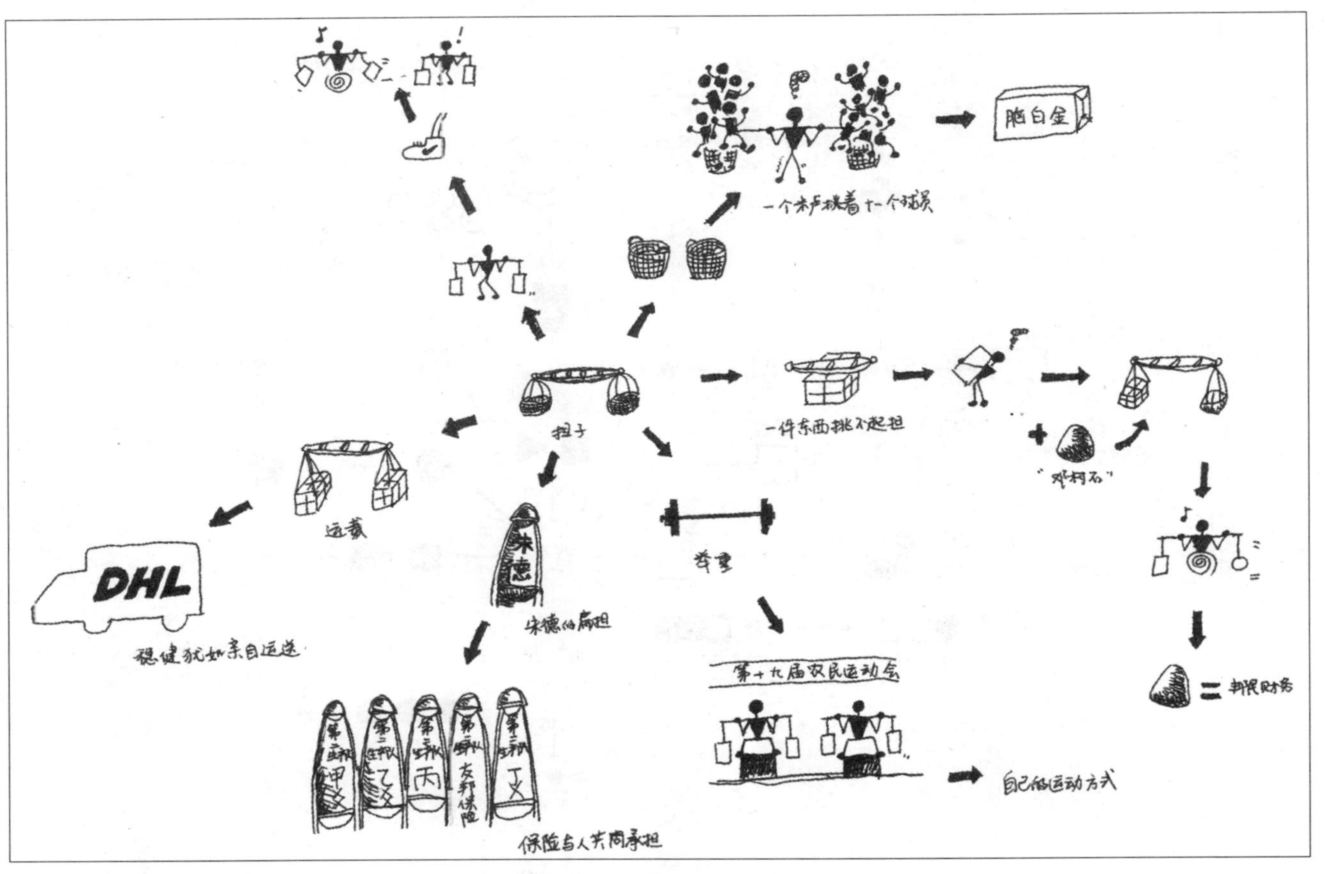

图4—18—2　命题概念：担子（第2次重构）　作者：朱鼎亮（99级　新媒介　选修广告设计）

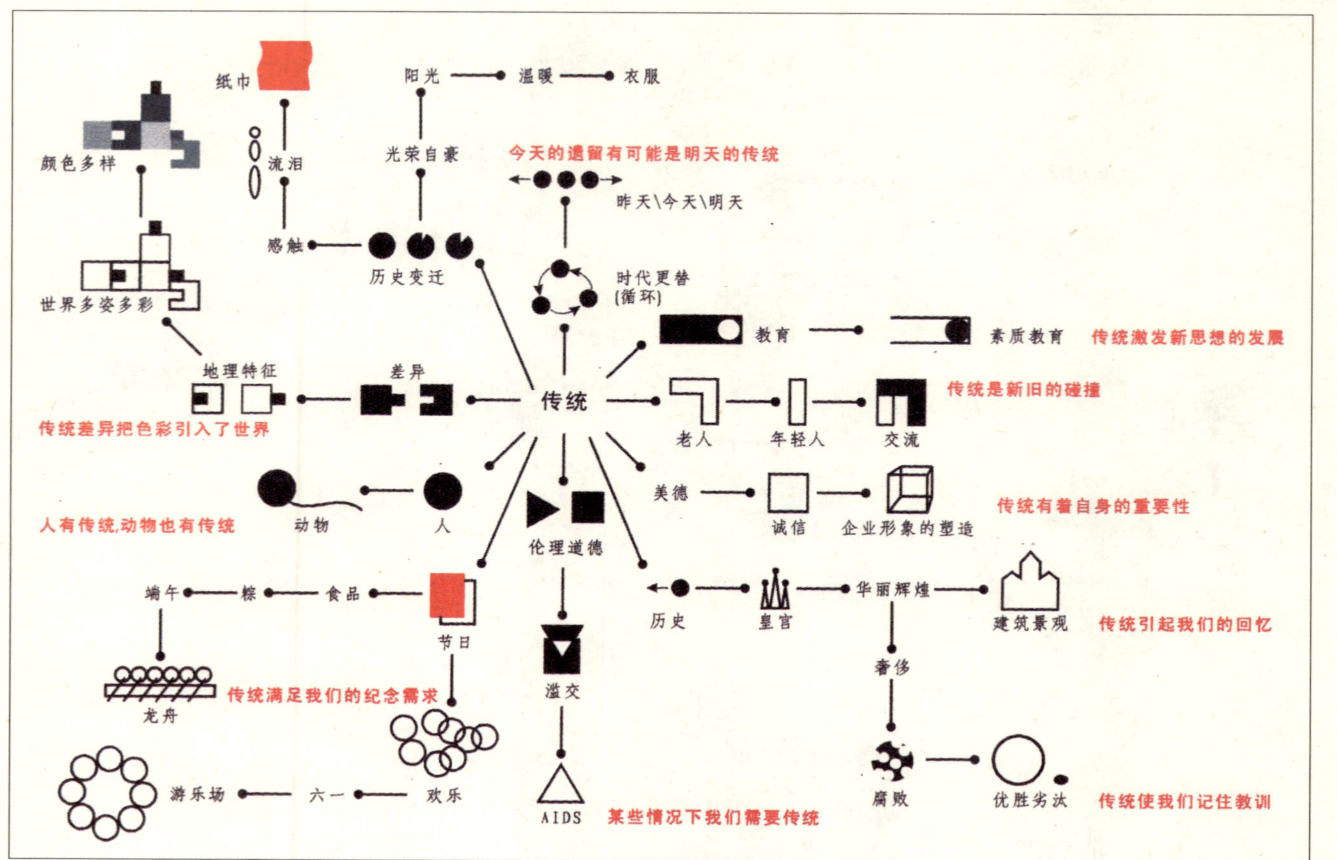

图4—19　命题概念:传统　作者:黄展鹏(2000级　环艺　选修广告设计)

力气——煤气——烹饪——进食——生活——嗜好——盆栽——梅兰竹菊——君子
永远——钻石——珍贵——亲情——家人——团圆——汤圆——圆滑
闪亮——极光——北极——寒冷——皮草——狐狸——狡猾——世故——知书达理
丝线——木偶操纵——方向盘——转弯——到达——开门
女人——小气——计较——误差——对比——长短——时间——铃声——学堂
比赛——强者——权力——政府——公务员——尽职——升官——棺材
愉快——花费——钱——功利——目的——讨论——会场——肃穆——奔丧
新陈代谢——衰老——脱发——光头——和尚——寺庙——香火
天气——烦闷——枯燥——单——专制——集权社会
丰硕——勤劳——蜜蜂——花心——三宫六院
白云——天空——飞机——失控
成长——思考——单独
苏联——卫星
斯扑普特尼克恋人——寂寞——精神病——白发宫女——帝三——男丁——上灯——祠堂
甲壳虫——挪威的森林
遥远——思念——夜晚
关系——联络——上网——脑
稚嫩——婴儿——纯净——天堂——结束——终老
板块——地壳——石油——南沙群岛——主权——统治
泛滥——三峡——水利——电力——机械——生产——劳动力
东海——长生——道士——阴阳——八卦——辟邪——鞭炮——喜庆
酒吧——午夜——睡眠——健康——鲜奶——牛——青草——出场——红色
摇——草裙舞——热带——椰子——聘礼——婚嫁——门当户对——家族——姓氏
气垫——NIKE——极限运动——刺激——芥辣——刺身——鲸鱼——庞大
极限——尺度——遵守——规定——校服——学生——作业——笔记——符号
记者——文学——思潮——左岸——法国——时装——潮流——抄袭
白发——年纪——妻子——家务——晒衣服——雨过天晴——彩虹——颜色——交通灯

传统

农田
爆米花
剧院
电影
花样年华
元宝领
旗袍
龙凤
吉祥
喜庆
酒席
乳猪
糟糠
忆苦餐

长城——匈奴——异地——玉兔——故人——古诗——陈旧——压箱底
身轻如燕——杨贵妃——荔枝——凉茶——暗疮——美容
农民起义——秦——统一——台湾——珍珠奶茶——年轻——哈“韩”哈“日”
宜家——倾销——利润——股票——负资产——“贵利”——自杀
明家具——少即多——包豪新——纳粹——二战——美国——汉堡包——快餐
罂粟花——KANZU——名牌——贵族——蓝血——卫斯理——UFO
毒瘾——倾家荡产——乞丐——武术——李小龙——双节棍
女权——武则天——牡丹——富贵——过年
人格——善良——佛——西藏——珠穆朗玛
品位——文化——破四旧——保护
苦——中药——野生——人猿
翡翠——完璧归赵
铁窗——监牢
酸枝——鸦片床——上海女人——魅力——小资——咖啡——哥伦比亚——犯罪
蛇——苹果
旅行——摄影
糖——肥胖——饕餮——青铜
香水——性感——梦露——好莱坞
明星——电信——CDMA——辐射——癌
精明——市场——“走鬼”——下岗——国企改革
林则徐——虎门——炮台——沙面——大榕树——华侨——唐人街
忠烈——黄花岗——清明——雨——潮湿——苔藓——倒下
洋塘——马蹄粉——早餐——7-11便利店——丢弃——垃圾填埋场——地球
凝固——水泥——中信——9·11——阿富汗——黄沙——骆驼
西关——商贸——海——鲨鱼——血——DNA——继承权——律师——法令
丝绸之路——楼兰古尸——福尔马林——手术刀——放心肉
选美——洗头水——头屑——麻烦——手续——公证——十字架——犹太

图4—20　命题概念:传统　作者:肖丽梅(99级 新媒介 选修广告设计)

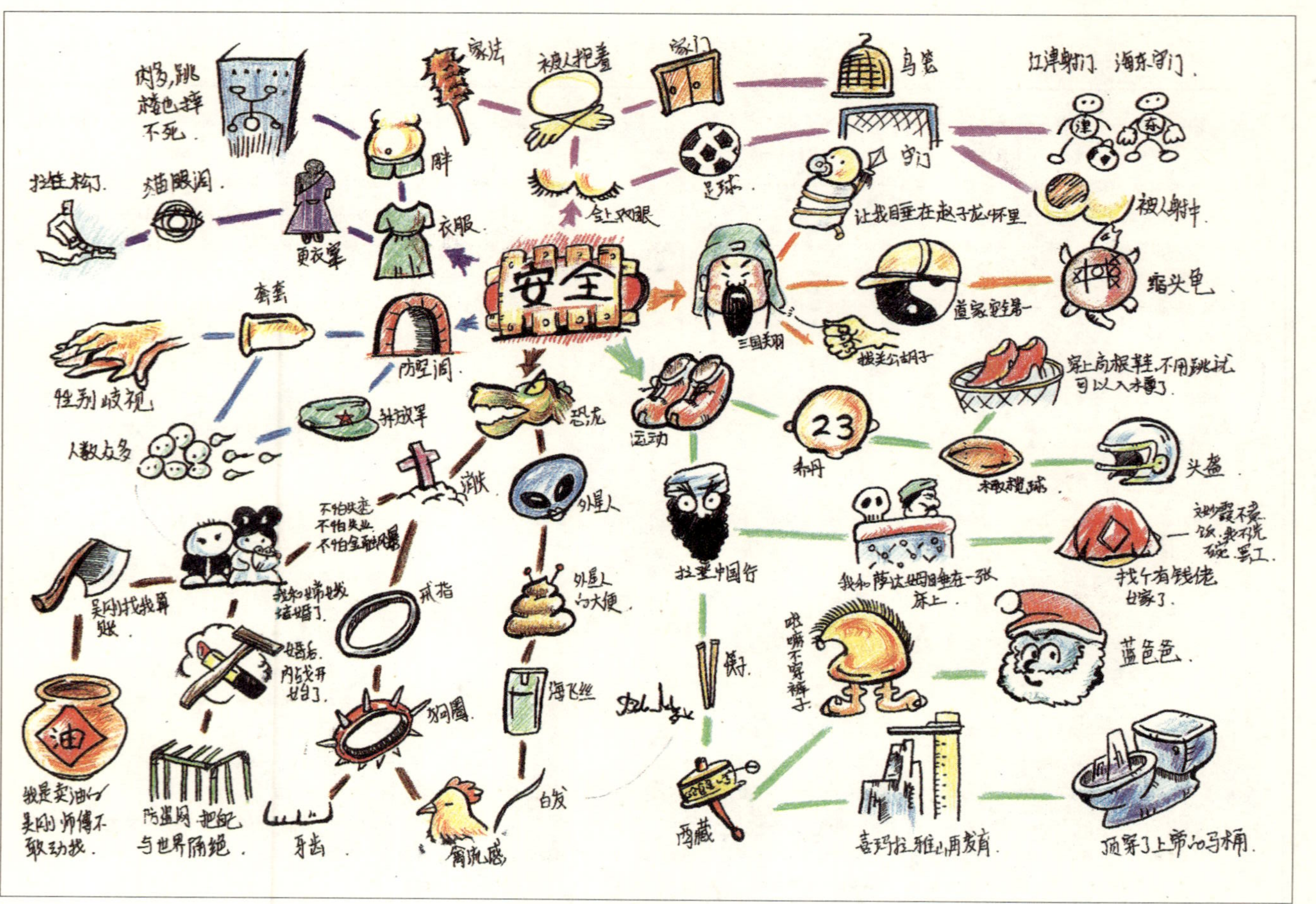

图4—21　命题概念：安全　作者：陈亮(99级　装潢二班)

图4—22 命题概念:安全 作者:朱晓嫦(99级 装潢二班)

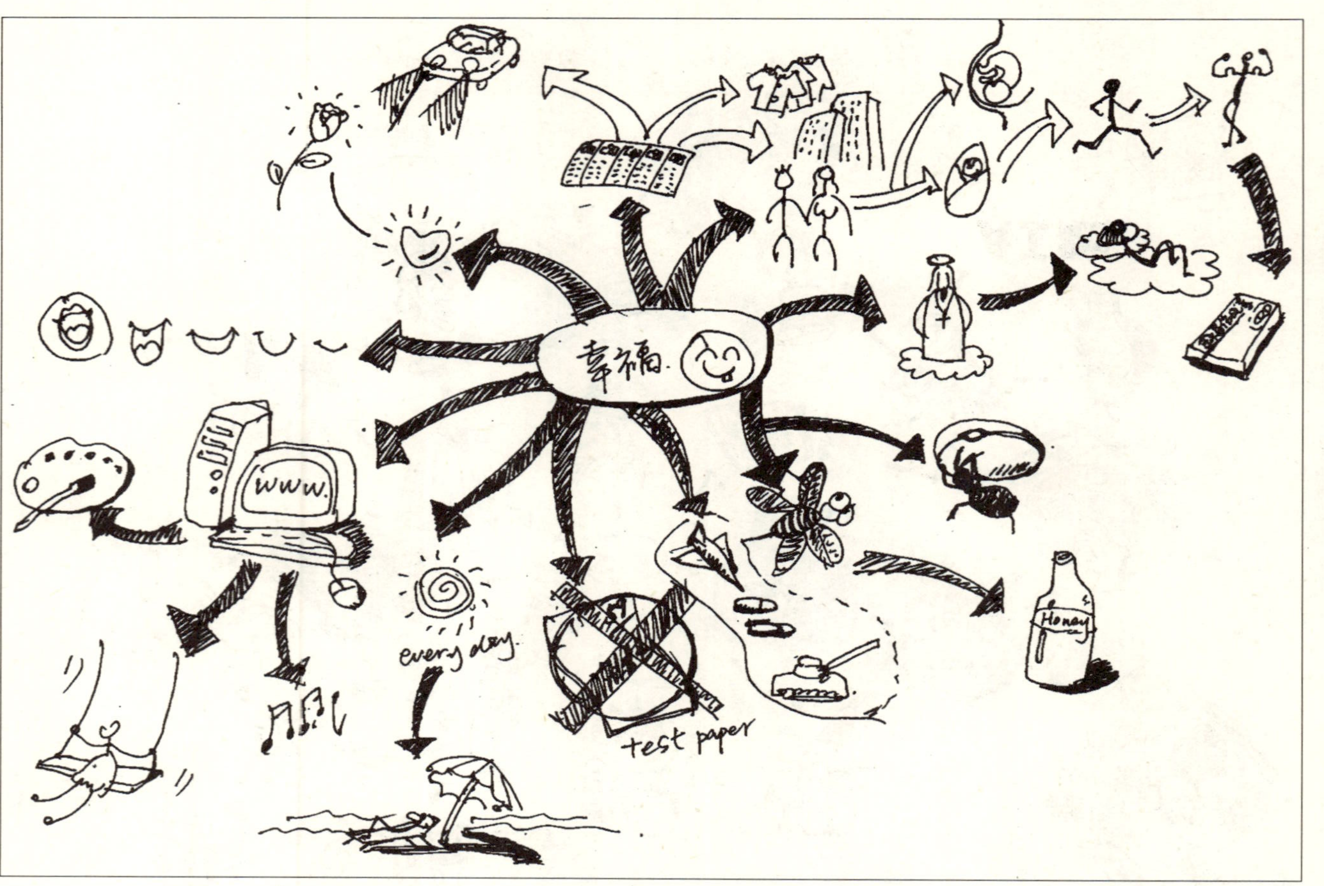

图4—23　命题概念：幸福（纯图形思维练习）　作者：戴秀珍（98级　装潢）

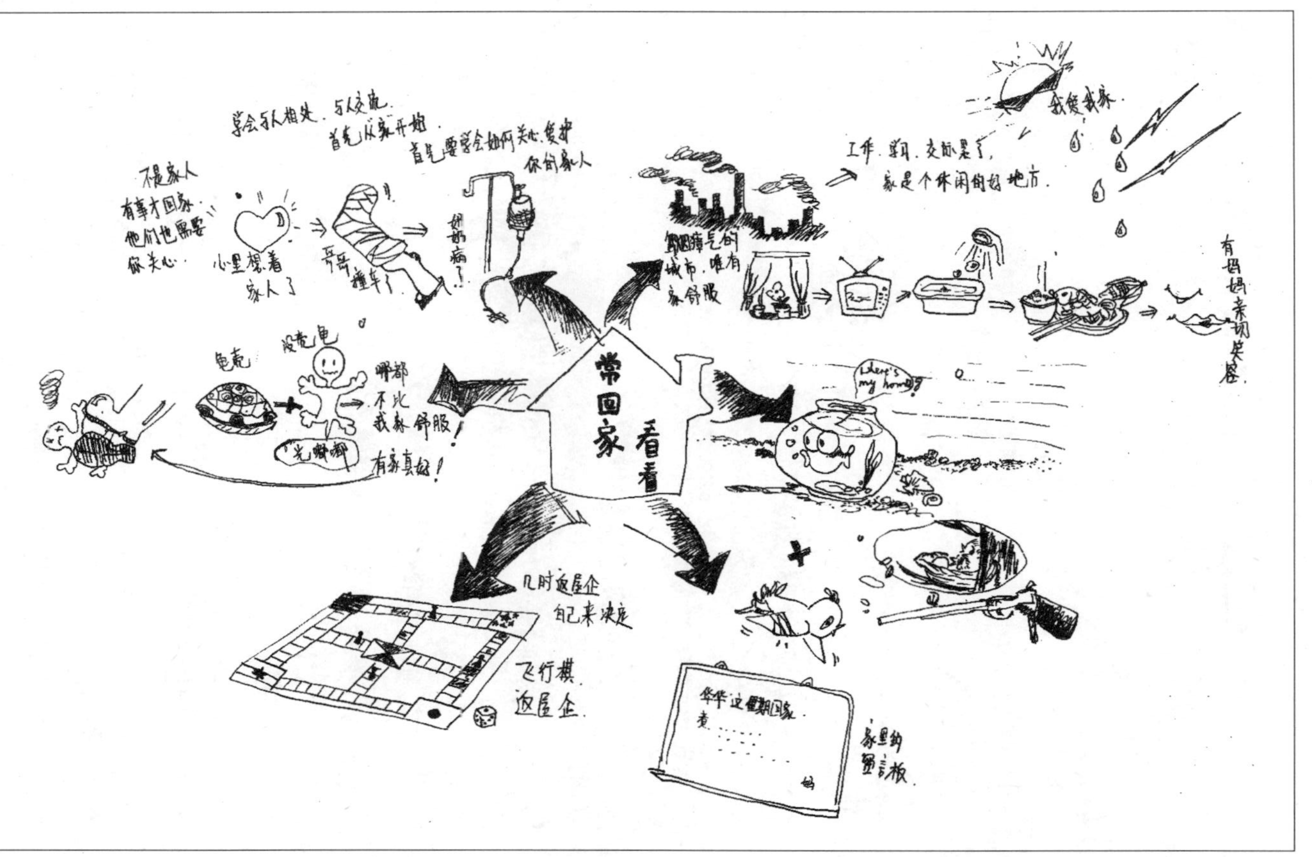

图4—24　公益概念：常回家看看　作者：张绮华（99级 版画 选修广告设计）

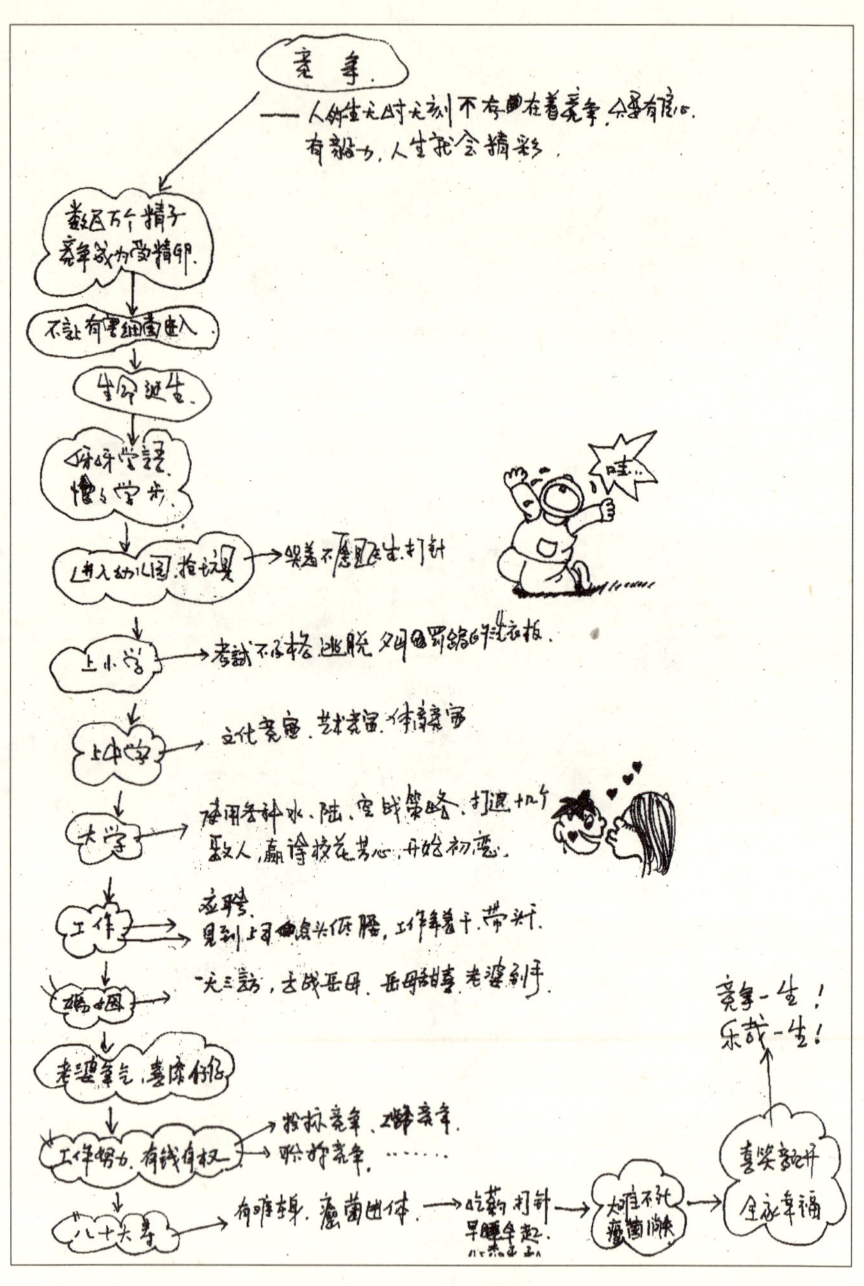

图4—25　命题概念：竞争(线性思维作业)　作者：李蓉(2000级　装潢进修班)

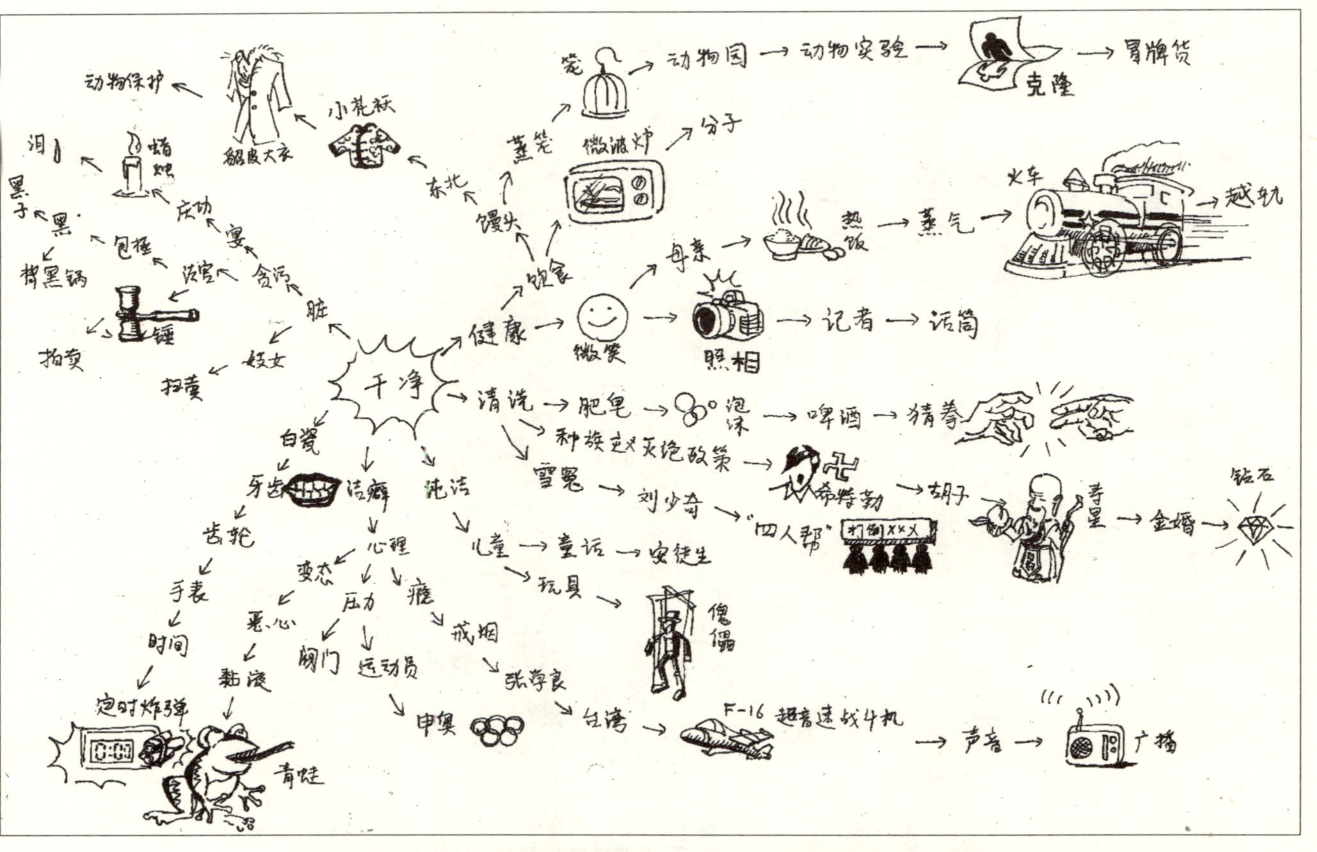

图4—26 命题概念：干净 作者：朱文轶（99级 装潢二班）

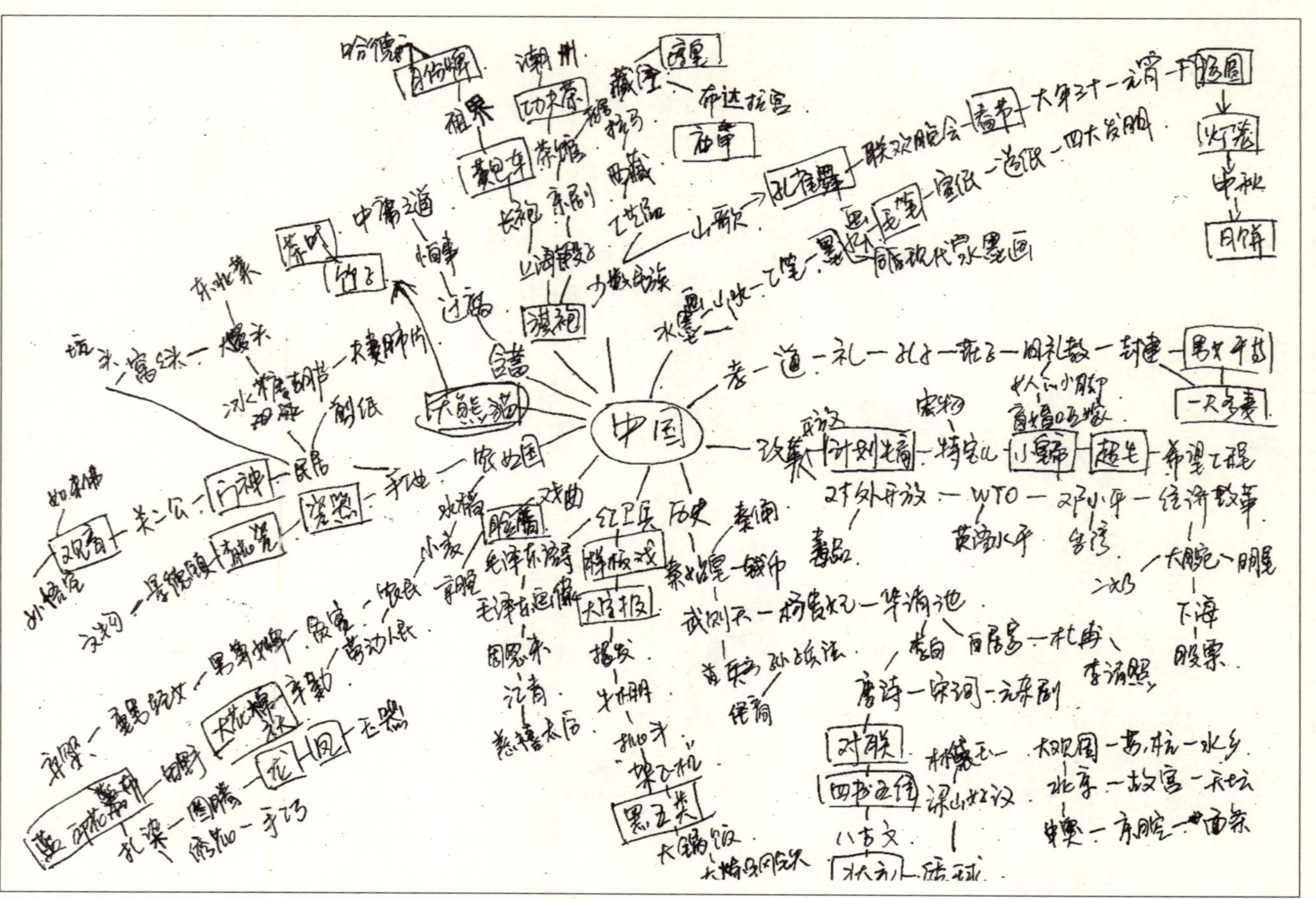

图4—27—1　命题练习：中国（文字搭架）　作者：王佳（99级 装潢一班）

图4—27—2　命题练习：中国（第2次重构）　作者：王佳（99级　装潢一班）

第五章

头脑风暴的演绎

第一节　头脑风暴法

一、头脑风暴法（Brainstorming）

头脑风暴法（Brainstorming），即集体自由研讨，由BBDO广告公司的阿列克斯·奥斯本（Alex Osborn）创建，指两个或更多的人聚在一起构思创意的一个过程。头脑风暴讨论会是集体智慧的体现，往往由创意小组的成员共同演绎，小组成员必须头脑灵活、思维开放、有表现能力、不怕吃苦并有毅力。

二、创意小组的建立

通过思维导图练习，受训者不仅获得了“创意原来可以这样做”的认知，而且经过所有参与者的相互读图寻宝，评出了思维活跃、表现能力强的若干同学担任小组总监，总监们又以导图的执行力为判断依据，挑选出能与自己配合的美术指导，经过几轮人才抢夺和硬性分配，创意小组建立了（每小组设定五至七人）。

1. 创意小组是广告的创作者和演绎者。

2. 创意小组的职责是将思维转化为文案及图形。

3. 根据小组成员的才能进行工作角色的分配。只有各尽其责，相互激发，相互提携，才能演绎头脑风暴。

三、原则和技巧

原则：不批评任何创意，所有灵感均记录在案，以备参考；创造一个“自由联想”的过程；给每个新创意一个启发别人的机会。

技巧：摆脱专业的束缚；关注不同的信息；综观全局；避免熟视无睹（最好的创意就在眼前）；不怕迷路（也许会有意外的发现）；对观念进行移植，关注其在新领域的意义。

四、创造杰出广告创意的关键点

1. 目标受众是谁？
2. 品牌概念是什么？
3. 用什么传播媒介？
4. 广告讯息是什么？

第二节　一个概念的品牌（公益）广告创意训练

在这个阶段，教师面对的是一个个创意小组，各小组应明确工作任务、作业要求、作业节奏。

一、课程解决什么观念性问题

1. 认识广告发展历程。

（1）20 世纪——告诉消费者。

（2）21 世纪——注意消费者。

（3）当今——品牌战略。

2. 认识什么是好广告。

（1）为什么这是好广告？

（2）怎样才能创作一个好广告？

二、课程作业设计与操作步骤

1. 选题。
2. 制定策略单。
3. 创意方案（每系列 3 件）。
4. 文案提炼及图形设计（拍照、绘画、选图）。
5. 减法运用。
6. 完稿执行。

品牌概念操作两项(案例一至案例二)

【案例一】干干净净做人，中国人——奇强

课程名称

创意思维训练（装潢专业课程）——品牌概念训练。

学时数：80学时。

教学点

“干干净净做人，中国人——奇强”品牌概念出笼后，广告期刊上一些评论文章认为，这个概念压给品牌一个太重的负担。案例一展现的装潢本科“创意思维训练”课程完成的四套小组作业对此进行了消化，品牌概念似乎鲜活并轻松了起来，然而又不脱离“中国人”心灵的本质。

下面四个小组的创意阐述，分别由小组创意总监撰写。

第一组 （99级 装潢一班）

创意总监：孙凤君

美术指导：梁红坤

小组成员：朱思东 梁长伟 李丹丹

对品牌概念的理解

“奇强”希望每个中国人穿衣都干干净净，很体面，很精神；更希望每个中国人都重视自己的言行和名誉，正直做人。把原广告语“干干净净做人，中国人——奇强”改为“干干净净中国人”，是为与民族性能更好地结合。

大创意概念制定及系列作品创意构想

1．从“干干净净中国人”的理念出发，选择心灵和思想都干干净净的、有高尚操行的中国人作代言，广告切入点是“干净”与“清白”。

2．利用大众熟知的历史人物和民间人物的忠贞故事，突出“干净”的理念，并在这些故事中选出屈原、岳飞、窦娥三位为代表（图5—1）。

3．三位人物共同点：（1）操行高尚，忠贞不贰；（2）都是被冤屈的正面人物；（3）最终都被肯定并予平反。

利用三段冤情，结合奇强洗衣粉的功效，创造出“洗还清白”的口号，进而体现“干干净净中国人”这一广告语以及“奇强”洗衣粉品牌的内在精神。

故事背景

岳飞精忠报国，但遭到丞相秦桧的百般阻挠与陷害，造成千古冤狱。

(广东称油条为油炸鬼，传说源于将陷害岳飞的秦桧两口子捆起来放油锅里炸。)

窦娥受地痞张驴儿迫害，被诬陷毒死公公，官府判窦娥死刑。临刑时窦娥指天为誓：死后必血溅白练，六月降雪，大旱三年，以白自己冤。

屈原具有远大政治理想，但被上官大夫、令尹子兰陷害，流放江南，后悲愤忧郁，自投汨罗江而死。

(1)系列之一

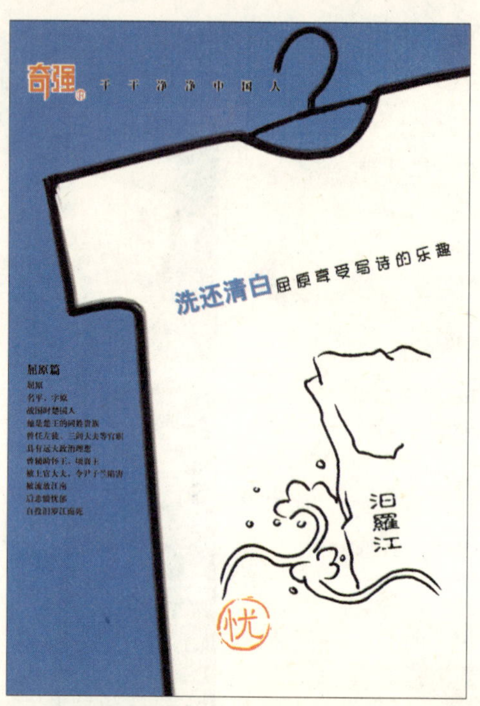
奇强
干干净净中国人
洗还清白屈原享受写诗的乐趣
屈原篇
屈原
名平，字原
战国时楚国人
曾任左徒、三闾大夫等官职
具有远大政治理想
自投汨罗江而死
汨羅江
忧

奇强
干干净净中国人
洗还清白窦娥活得自由自在
窦娥篇
窦娥受地痞张驴儿迫害
被诬以毒害死公公
官府判窦娥死刑
临刑时
窦娥指天为誓
死后必血溅白练
六月降雪
大旱三年
以白己冤
后窦父为其昭雪
貞
陸月

奇强
干干净净中国人
洗还清白岳飞去喝下午茶了
岳飞篇
岳
忠

(2)系列之二

(3)系列之三

图 5—1　广告语:干干净净中国人

第二组　(99级 装潢一班)

创意总监：王　佳

美术指导：吴文波

小组成员：潘永光 陈　玉

对品牌概念的理解

奇强品牌定位是干干净净做人，这不但是仪表上干净的人，更应该是一种心灵上干净的人。以干净纯洁、心无杂念的态度看待事物，在让别人相信你之前，你必须相信别人。表现了值得信赖的人，衬托出值得信赖的品牌、值得信任的高尚情操。而这种情操，正是品牌的个性。

大创意概念制定及系列作品的构想

主人翁选取普通家庭主妇的形象，因为她们是广告目标主体受众，也是受大众信赖的形象。选取一位家庭主妇对待家庭的干净态度切入，当发生丈夫越轨、婆媳不和、孩子调皮捣蛋时，女主人翁总是对家人百分之百放心，用纯洁、自信的心态去看待家人，认为他们是值得信赖的。继而引出主题"干净是一种态度"。从某个角度看，人们会认为女主人翁在犯傻。但正是这种态度，才是维护一个家庭乃至社会人与人亲密关系的基础（图 5—2—1～图 5—2—3）。

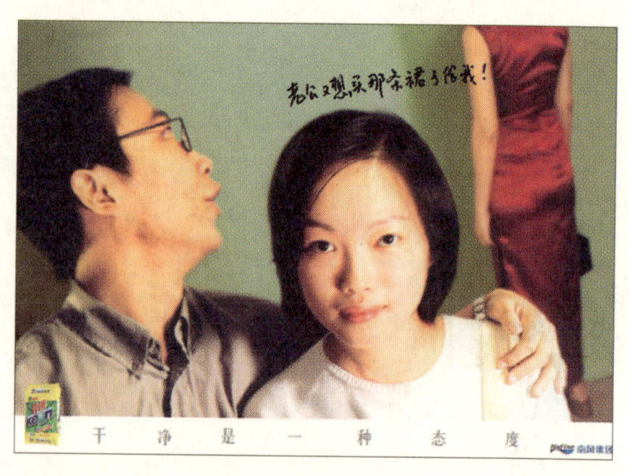

图5—2—1 "老公又想买那条裙子给我！"

图5—2—2 "家婆又怪他不陪我了！"

思维导图

干干净净中国人——→干干净净做人——→没有歪念(百分之百放心)——→形成干干净净的新理念：心

图5—2—3 “儿子又给我弄好吃的了！”

广告语：干净是一种态度

无杂念，心净如水——→“他肯定想买那条裙子给我”（夫妻逛街时，丈夫看另一个女人的情景）——→女人看丈夫——→以女人的心态看干净——→看家庭。

系列发展：

女人与婆婆——→婆婆在丈夫那说自己坏话。

女人与孩子——→孩子调皮捣蛋。

第三组 （99级 装潢一班）

创意总监：赵 耕

美术指导：胡维婧

小组成员：黄佩婷 潘瑜富 骆 钊

在这次课程中，同学们其实是站在同一起跑线上摸索前进的。在开始分析的阶段，方法和角度其实只来自模糊的理解和片面的考察。处在相同的条件下，小组间创意的差异性变得更加微妙。

从市场角度分析，奇强在几年后的目标消费群将被现在的年轻一代更替，意味着未来的市场面临的是年轻一代“读图”这种伴随成长过程的普遍习惯。图像语言以及图像审美将以更理所当然的姿态成为人们认知客观事物的途径。另外，奇强的目标市场从农村向城市发展，意味着城市化的生活色彩以及现代感将是我们小组在这个广告中应该侧重的。

我们小组对“干干净净中国人”这个原有概念提出了一个新的理解角度：我们不是说教式地告诉别人要干干净净，而是用提出问题的方式展开一个关于概念的思考——“未来的中国人会怎么样?”

我们一方面选取了三种中国传统洗衣工具：洗衣板、洗衣棒及洗衣刷子以代表存在于中国传统生活中的单调及平淡。另一方面，巧妙结合现代体育的各具代表性的运动项目——滑板、棒球、花样滑冰，以我们对这些运动的直观感受，配合亲临其境而又令人兴奋的文案语言，引导和表达人们洗涤时的新心境和新状态（图5—3—1～图5—3—3）。

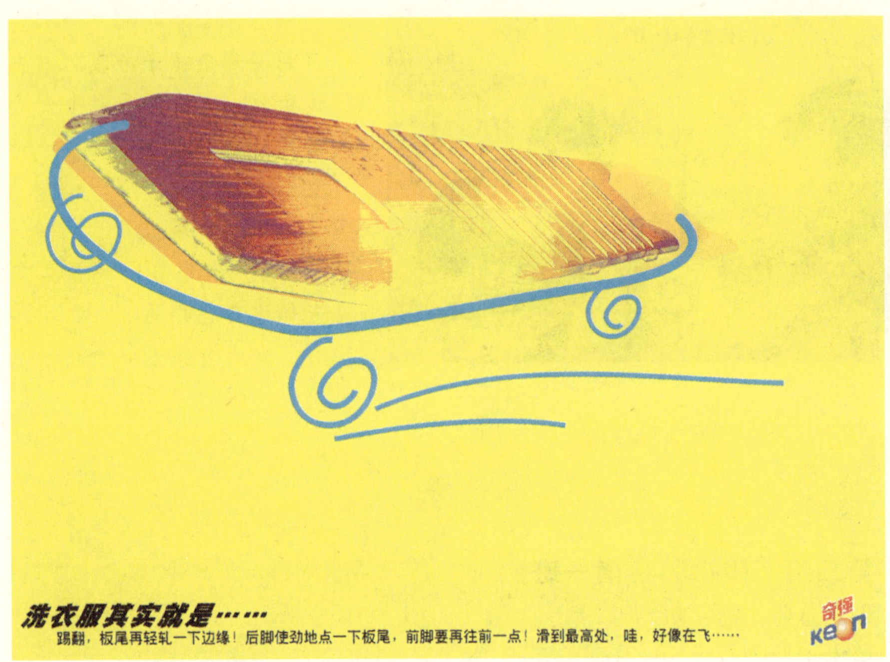

图5—3—1　滑板篇

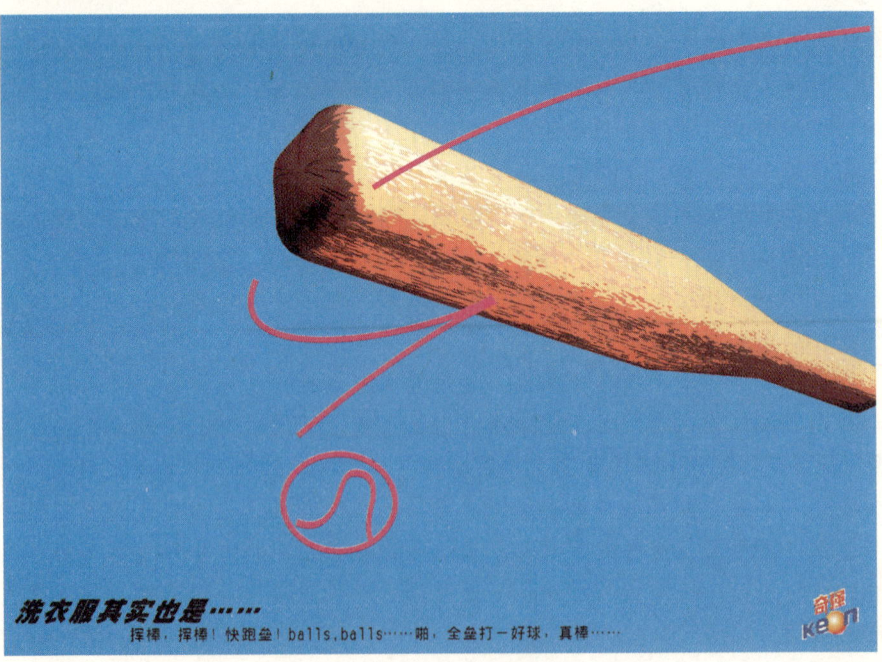

图5—3—2　棒球篇

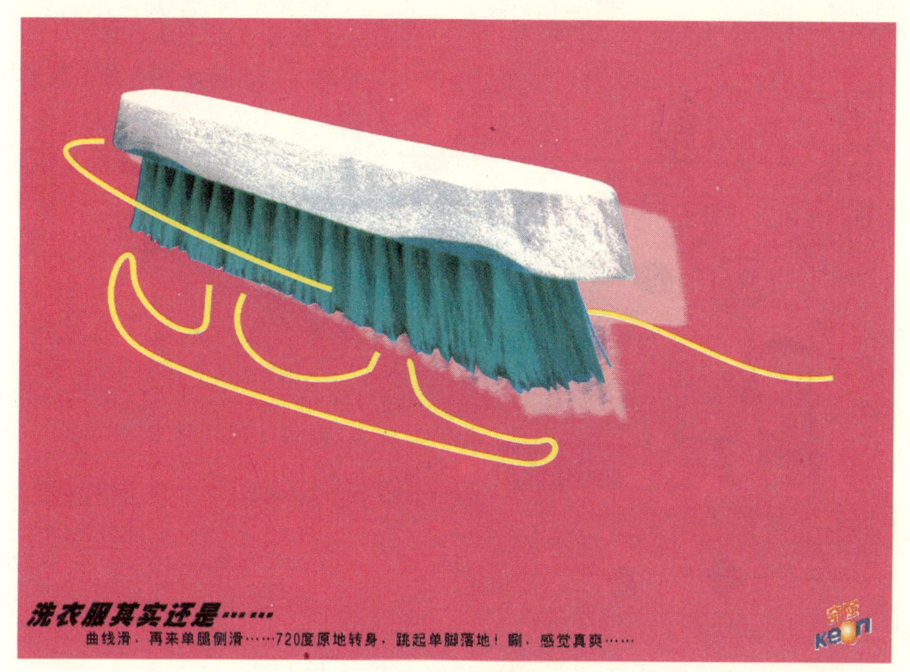

图5—3—3　花样滑冰篇

图像恰到好处地结合了三种元素，并以更为轻松的形式语言把崭新的创意图像展现在观众眼前，图像本身的说服力甚至使我们在后来多做了一份几乎只剩下图形的画面，分别结合强劲的象声字——“哇”、“啪”、“唰”，取得了更意想不到的效果。

第四组　(99级 装潢一班)

创意总监：马建超

对品牌概念的理解

干干净净中国人，是对新中国人包括新中国家庭观念的阐述。在旧社会，男尊女卑，男主外女主内，女人一直负责家务劳动。现代的中国人家庭关系更密切，更和谐了。以身作则的新中国男性将家务的分担看做是对妻子的爱护和生活中的一种乐趣。作为长时间劳累的家庭女主人，她们更是希望自己的家人能把对她们的关心与爱付诸行动。

创意构思

表达充满乐趣的氛围，较好的方式之一就是漫画的夸张手法，轻轻松松的线条与画面就可以带出幽默感。

创意一：当妈妈辛苦劳动的时候，儿子在她的身边陪伴着，既为妈妈解闷，还可以享受用弹弓射泡泡的乐趣(图5—4—1)。

创意二：当妈妈晾衣服的时候，爸爸也来帮忙，共同分担家务，同时也可以享受放风筝的乐趣（图5—4—2)。

图5—4—1　广告语：干净的生活充满乐趣

图5—4—2　广告语：干净的生活充满乐趣

【案例二】“中国死海”旅游产品推广

课程名称

广告设计（全院选修课）——旅游产品广告。

学时数：80学时。

教学点与体会

“中国死海”是南风集团推出的旅游新项目，推出的产品概念“享受神奇，神奇享受”本身就带有尝试性，企业可以接受更佳的概念提议。

作业分两步走：第一步是创意；第二步是执行（做图与完稿）。创意阶段允许各种新观念进入，七个小组的走法并非相同，但做出的创意必须与小组自定的创意概念相吻合，而且一定做原创。创意时同学们总是兴致勃勃，就算争得个面红耳赤热情也打压不下去，因为想法在脑子里萌发，更希望有机会加以表述。但到了执行期，很多同学都出现过对自身能力的怀疑，因此帮助他们到达终点——真实体会结果非常重要，因为只有到达终点，创意的神奇才能让广告产生魅力，才有可能吸引住初试广告的学生，促使他们甘愿为日后的探索付出更多努力。

执行的确是个大瓶颈，这时不仅要备图、处理图，还要解决构图方式、形式美感，甚至他们自拟的文案都需要在这时修正。其实能否执行下去是对能力的挑战与检验，如果老师不作硬性规定，肯定会出现一些只在想法上打转转、光说做不来的“混混儿”（什么时候都在谈想法，到头来只是半成品），这对广告前端人员来说可理解，但“广告设计”的课程目标是培养创意与表现的能力，因此一定要突破这个瓶颈。

在执行阶段，首先强调训练的第一阶段（“一个概念的放射性思维”——尝试思维导图）和训练的第二阶段（“头脑风暴的演绎”——开始小组选题）已经过去。前段学习了放射性思维和创意构思，开发出了新鲜元素，现在进入执行期，走向不能再改变，否则完成不了操作。

在表现的过程中，两点比较重要：一是图片（拍照、绘画、选片）的准备方法；二是好的表达形式。

(一)关于拍照

1. 拍照前一定要先把构图关，做好构图准备，否则将空忙一场。构图从图书馆的大量好书里找，用笔绘记录、用数码相机摄下有参考价值的拍摄景别、透视角度、人物表情、肢体形态、人群组合安排、明暗对比、虚实关系、光源色调处理等等；在准备拍摄构图的同时不要忘记表现形式的构图记录，包括从优秀广告作品中感受不同媒介视觉中心的表现处理手法，包括：图片剪裁、出血运用、字体选择、主副标题以及文案的排列方式（居中，齐左，齐右，齐上，齐下，拉松字距、行距）等等。

2. 身边的同学、亲朋是能找到的最方便的模特。

3. 拍照前必须准备好服饰道具、必要的妆扮，选择拍摄地点。

4. 作业用图允许在书籍、互联网上选择代用图，可选单图，也可将各局部加以合成，选来的图只能用在设计过程上，一旦确定，必须重新拍照。

各小组围绕既定的创意主题，可找出十个可供借鉴的优秀广告作品：

1. 必须是好作品，差的不作借鉴参考（何为好？已在大赛中评了出来）。

2. 既然做的是广告，初学者在完稿阶段，千万别拿书籍装帧做执行榜样。

3. 选出的榜样做成电脑文件，放在小组方案前展示，以利于大家有针对性的对比思考。

(二)关于表达方式

小组成员到图书馆寻找榜样，然后按榜样的构图形式做出三套转移方案。转移时脑子里要有这么几个"转转"：

1. 自己的图形转移到喜欢的表达方式上后，图片怎样裁切最能配合创意需要。

2. 文字（大标题、中标题、小标题）怎么上。文字在版面上的精致、清晰很重要，切忌粗鲁。一幅高品质的广告执行，文字极为考究，而且要求干净清爽，包括：行距的疏密错落处理、字距字型的变窄压扁拉松、标点符号的到位处理，还有字体的性格确立，总之每个环节都很考功力。

3. 广告里文字是信息，除非用于装饰，否则一定要理性处理。而且一个版面不应超过三种字体，以免不必要的混乱。

4. 视觉中心将出现在哪里，给人的第一眼印象会是什么。

5. 色调的把握。色彩能制造大感觉，画面要单纯，手法需简洁。要学会用黑色和白色，学会用正形和负形，学会用高调和低调，学会用冷色暖色对比色，还要会留白。

观念比较容易解决，比如什么是好的广告。但何为好的广告执行？广告的形式美在哪？它与沟通、震撼力有何关系？同学们不仅心中无数也不具判断能力。每个行业都有它自己的标准，标准是一种通过大量案例总结出来的并被实践证明行之有效的知识与规律。审美观点不是与生俱来的，它也是人们对事物普遍见解的吸纳、对传统的认识与传承，是在艺术家那震撼心灵的伟大作品感召熏陶下逐步形成的审美品味。

广告的“原创”来自大脑，来自大脑对品牌概念、产品概念的理解，出自对目标对象需求欲望的聆听。它应该是一个未曾用过或未被引起注意的“点子”。具有独特个性的创意，其个性特征一旦被认可并记住，那是谁也抄不走拿不去的经典。创意之所以被称作是广告的灵魂，道理就在这里。国门没打开的时候，抄袭了别人的创意，消费者不会知道，还能蒙混过关；国门一打开，再这么做就是花钱帮别人做广告，为他人作嫁衣裳，不仅得不偿失，还会让人看不起。

形式美是人类的精神财富积累，是格调，它经历了时间考验，是共识与素质。形式美能给人快乐和愉悦，感受美的设计犹如接受美的熏陶，美感的运用甚至可以称作是一种品质的传达，具有形式美感的设计能把社会的基本需求变成品味，它美化生活的点滴，是人类进步的表现。因此，去看看外面的世界，到图书馆多看好书、吸收养分确实是人们提高眼界提高能力的好方式。也因此，原创只产于自身，而表现的原型则可从合适的设计构图与形式中寻找。特别对于初学者，这是尽快入门的方式，我们常称它为：站在前人的肩膀上做事情。学国画的如果没有临摹过《芥子园》，就不知竹叶怎么撇，石头怎么皴，兰草怎么画；比方写文章，内容是不能抄的，但遣词用字应该加以学习运用，它是前人创造留给后人的财富；音乐作曲有各种乐章，有进行曲、田园曲，京戏有快板慢板，有花旦有青衣；又比如，宋体是古代的一种书法，综艺体是当今的一种设计字形，我们都可加以运用。形式美，有其表达美的设计规律，追寻的是受众愉悦的感受，要有美感在作支持，它会让人关注和产生好感。伟大的艺术家创造各种艺术形式与审美感受，就像达·芬奇、毕加索那样，那是天才与汗水，不是每个人都能做到的。我们学习培养的是美感，积累多了就能综合运用还能发展创新。“新”并非就是“美”，“美的事物”经受了时间的检验就会被确认。

有这样一个故事。美籍华人林缉光先生1982年受联合国资助，到北京来开办中国第一个广告设计培训班，78位学员来自全国，广东有我和华汉南两位参加。开课时林先生送给大家的第一句话是：“熟读唐诗三百首，不会作诗也会吟。”当时，他拿出《美国时代周刊》、《意大利时装》等国际上最优秀的杂志和《中国出口商品交易会会刊》，指着会刊上“很可怕的”广告编排，和“很可怕的”用色，紧接着说可以将这可怕的设计一夜之间换个面貌。他举了一个例子：林夫人爱时装，专有裁缝为其做衣服，而她的穿着都由自己“设计”，每当做衣服时她就搬出时装杂志，指着喜欢的款式，告诉裁缝什么地方做那些改动，然后对上尺寸布料就是她为自己做的“设计”。会刊广告设计的道理也一样：选一个最合适的构图，将产品按构图拍了照片，再融入自己的想法。那时我们还真掌握了几手。只不过平面人照书抄，影视人照录像带搬，外语看不懂，创意起什么作用自然也不清楚，直到1996年戛纳国际广告节的震撼才把我们惊醒，明白了创意苍白不会让广告具有竞争力。

在艺术与设计的领域从未出现过一两个月就能成大师的奇迹，不过我们却可能经过一个昼夜，实现一件具有大师风范的设计作品，前提是一定要先有自己的创意、有原创内涵，还要有眼光、执行力和聪明的大脑。但绘画不在此列，绘画的技法需苦练。比方你提前几天告诉一位素描画得不怎么样的人，美院的升大考题是画老头，他有可能画好吗？因此当画家比做设计师还要难，那是真功夫，来不得半点虚假。艺术家即使是在做表现，没有扎实的基本功也根本画不出来；但设计可以在大师的肩膀上做事情，可以借助电脑软件做完稿。

(三)本案例的创意表现过程

课程中期的创意阶段的总汇课，重要的是士气，士气可长不可灭。由于学绘画的学生以往多以一种自由、浪漫又执著的心态对待自己的创意作品，如果小组在头脑风暴时的相互否定太狠，会把有待燃烧的干草浇湿，火旺不起来了。此时，对同学们的创意方案，应尽力从中挖掘核心优势，保护他们的激情并鼓励做下去。但临近后期时，各小组的创意雏形拿到课上一展示，执行上距离仍然很大，我当时给出的评价是“缺少广告味”，“更像书籍封面”，“到处是内容，没有视觉中心”，“作品的执行水准与文理院校学生的作品差别不大”，“像安民告示，缺少美感”，其中最主要的毛病就是没有视觉中心意识，不知道如何抓第一眼印象，没有“行气”和“视觉流程”的节奏高低起伏，这种缺少信息沟通力与快速传递力的罗列编排怎能产生震撼力？

“广告好难啊。”同学们说。

这时支持比不满意的指指点点更重要。必须把热情保住！我鼓励同学们：一，坚持概念的单纯与准确；二，减掉不必要的信息；三，让人能一眼明白；四，有形式美感；五，坚持必有收获；六，享受自己的辛苦。

广告不同于艺术品，艺术作品是要去美术馆看的，喜欢的话会花钱购买回家慢慢欣赏。广告不行，无论做得多么精美，能被盯上两眼都是福气。设想一下，假如大街上有人准备塞给你一堆广告品，你多半会尽快将手背在身后，否则还得找垃圾箱，挺麻烦的。那么，为了受众的那两眼你得想办法。除了创意，还要思考形式表现手段，具有形式美感。由于单纯便于记住，漂亮讨人喜欢，特别在生活非常繁杂、空间非常拥挤的今天，现代人的审美趋向是——简单就是美。

“到底什么才是广告味啊？”

“看优秀广告作品，那里有答案！”

审美的体验空谈不行，“审美学”是一种学问，要学习提高欣赏品味，知并懂美，就要去看画展，看大师作品展，看博物馆的艺术收藏，从传统的、现代的设计作品和艺术作品中（前者包括优秀的建筑设计、服装设计、工业产品设计、包装设计、广告设计、民间艺术设计；后者包括绘画、雕塑、电影、戏剧、音乐、舞蹈等）吸取美感的体验与标准，好东西看多了，品味就会跟上来。创意不能抄，但形式是可以借鉴并拿来用的。

一个好的设计感受不是一个课程可以解决的。

那么从一个课程又如何接受美的表达训练呢？

学美术的学生，形象思维发达，因此，脑子里往往有鲜活的元素，有色彩，更具跳跃性，不能强求他们一定要有极高水平的文字描述，我要求的是那种激情与体验，如能帮他们找到一种方法，就是有价值的，我喜欢这不规矩的浪漫形态。

当我把七组方案交到南风集团副总裁朱奇立先生眼前时，随着课件在电脑上一篇篇展开，朱总兴奋了，很快就和市场部经理认定了五组创意，认为修改后可投放市场使用；他们对用不同的立足点、不同的思考共同打造一个“中国死海”的文化味、旅游产品的功效价值表示了极大兴趣，并给出了一等奖一个组、二等奖四个组，其余两组鼓励奖。

这次课程的难度超过以往，因为它的概念不成熟，但在同学们的努力下，我们做成了。

下面附五组创意作品和两篇美术指导撰写的感想。

第一组

创意总监：黄展鹏（2000级 环艺）

美术指导：黄　唏（2000级 环艺）

小组成员：陈影红（2001级 美术学）

段艳华（2000级 服装）

王　丛（2001级 新媒介）

思想的交融——广告创意课的过程与心得

黄　唏

学期末，来自各个不同专业的同学，在经过各自专业课程的严格洗礼后，参加了胡老师的广告创意选修课，我们都认为这是一个收获很大、感觉很“清新”的课程。为什么说“清新”？这是因为广告创意的那种独特的思考方式，与原来自己专业的思考方式结合，就像洗过自己的头脑一样。

课程的安排跟以前的广告课一样，胡老师给我们讲述广告理论，讲述日新月异的创意和表达方式。看完一些中外广告的得奖作品后，给我印象最深的除了原始创意外，还有它们漂亮的执行，干净清新，不带一丝杂质，这个过程很难，我们在后面的案例操作中深有感触。然后是思维导图与头脑风暴的训练，这种在有限时间内寻找尽可能多的创意的训练方式的确有效。

这次的创作主题是中国死海——运城盐湖的旅游广告，它不同于以往的单纯的产品品牌或是公益广告，带有产品优势宣传的特性，虽同样是塑造一个个性品牌，但里面带有很多对立的抽象与具体的东西，是一个很独特的课题。

我们的小组成员来自环艺、服装、美术学等，各专业都有自己不同的思考方式，我们运用了一种建筑规划的分析法来分析这个项目。在建筑学领域中，分析跟方案是处在同等地位的，有时甚至比方案更重要，方案是建立在全面分析的基础上的。建筑学中对基地、气候、环境、交通等各方面要素的分析，在广告中换成了对目标受众、产品概念、传播媒介、广告信息这些要素的分析。我们一开始就想，如何使这种旅游广告脱离纯粹的产品优势的推销，上升到一个更高的高度，使之具有一个宏观的定义，并找到一个具体的优点与感性抽象的旅游感觉之间的结合点。如果纯粹介绍中国死海的某一方面的如瘦身美容方面的功效，无疑将它本身具有的深厚的人文历史性比下去了。如无一个详尽分析、大量收集资料的过程，贸然作出的创意构思只能是以偏概全。

小组成员开始在书籍中、网络上大量收集有关以色列死海及各个盐湖的资料，有关旅游的、功效的、文化的，搜集了一大堆。然后就开始做思维导图，在做的过程中找到了一个挺有意思的切入点——“死海邦交”，原因是以色列死海成名已久，美国有犹他州的盐湖，但中国死海——运城盐湖却刚刚为世人所知，如果把死海拟人化，把中国死海提高到与以色列死海平等对话的基础上，不是起到了宣传的效果吗？这是一个最初始的构思。

再深入下去，中国盐湖最吸引人的是什么，除了周围的山清水秀，还有周围丰富的历史人文景观，如唐太宗巡盐、除盐霸等各种反映中国古代五千多年来盐湖的开发史的故事，无一不反映着中国自古就有的深厚的盐文化。去过以色列死海的中外游客，什么能吸引他们来中国死海呢？自然是深厚神秘的华夏文明。其实以色列死海也有悠久的犹太传统和基督教传统，最早的圣经古本便是从死海周围的山洞中找到的。这样两相对比，中外盐文化就好像遥相呼应，形成一个十分有意思的对照。

这样我们画出了草图：一张是以盐湖为国家财政支柱的唐太宗和用以色列死海黑泥美容的埃及妖后（有史为证）相对，两者都是一国之君，都依靠盐湖取得权力，稳固权力，它传达了这样一个信息：中国死海的旅游业、中国的盐文化与世界知名的同类旅游业相比毫不逊色。另一张是把盐水同汗水的概念联系起来，用一条类似汗水的水流贯穿画面，比喻劳动人民的汗水，经过漫长的历史，最后汇聚成中国盐湖。两者都紧扣“盐文化”的概念。我们敢用这样一个稍带晦涩的创意，是从消费心理学的角度分析，考虑到这则广告的传播媒介主要是高档的旅游杂志，如《中国旅行》、《旅行家》等，读者多数属于具有一定文化修养、见多识广的阶层，这些潜在消费者能理解这一广告，这类广告能引起他们的好奇心，吸引他们来旅游。

进入到执行和制作完稿这一阶段，感觉比创意更难。开始我们用实物拍摄的手段表现，画面中有很多元素，水纹、硬币、用食盐拍摄的背景。想不到几张稿打出来后，老师和同学们马上提出反对的意见，说画面花、乱，找不到中心，没有广告味。以前做环艺的作业时出于成本考虑，总想把尽量多的信息放到一个画面上，想不到这却犯了广告的大忌：广告追求的是信息简洁易懂，让人一目了然，这与普通的版面设计是有很大的区别的。

这时我们参考了大量的平面广告得奖作品，发现绝妙的构思都有一个绝妙的形式表达，或极具视觉震撼力，或极简洁明了，总之是有一种到精彩处便戛然而止，令人意犹未尽的感觉。我们马上修改了方案，最后得出一张是两个简洁的头像相对（图5—5—1、图5—5—2），一张是一个具震撼力的大字体版面（图5—5—3）。出来后庆幸得到了老师的稍微肯定。

图5—5—1　系列之一：死海CEO篇

广告语：到运城盐湖——探索美丽与财富的传说

文　案：公元627年
一千多年前，
唐太宗利用盐湖作为国家财政收入的支柱，
他拥有一个如此强盛的唐王朝。

公元69年
古埃及的美女克娄帕特拉，
由于用以色列死海的黑泥美容，
结果她以美貌得到了天下。

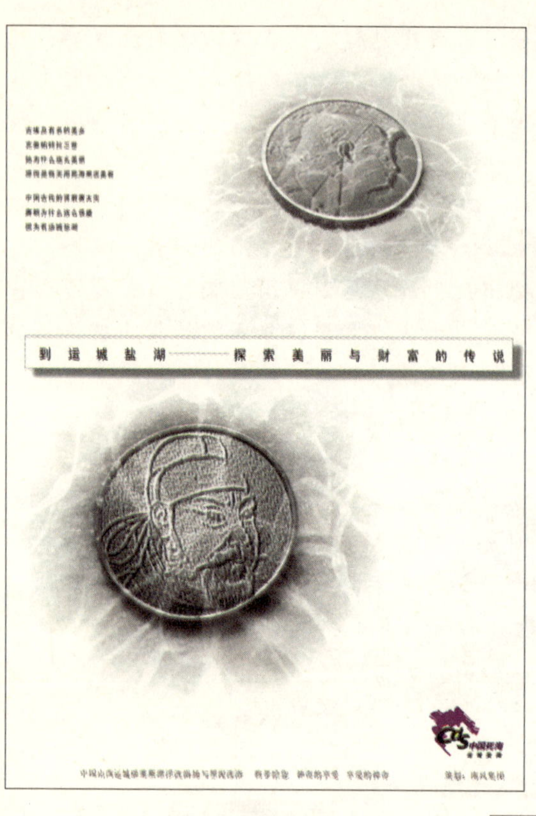

图5—5—2　系列之二：财富与美丽篇

广告语：到运城盐湖
　　　　——探索美丽与财富的传说
文　案：古埃及有名的美女
　　　　克娄帕特拉三世
　　　　她为什么这么美丽
　　　　原因是每天用死海黑泥美容

　　　　中国古代的贤君唐太宗
　　　　唐朝为什么这么强盛
　　　　因为有运城盐湖

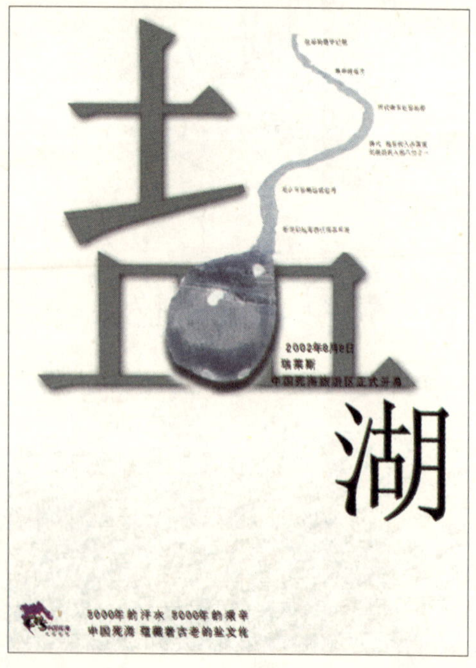

图5—5—3　系列之三：中国盐文化篇

广告语：5000年的汗水 5000年的艰辛
　　　　中国死海蕴藏着古老的盐文化
文　案：盐湖水历程：
　　　　盐湖最早被记载
　　　　黄帝战蚩尤
　　　　历代皇帝巡视盐湖
　　　　唐代盐税收占国家财政总收入的八分之一
　　　　邓小平视察运城盐湖
　　　　新世纪盐湖进行旅游开发
　　　　2002年8月8日
　　　　瑞莱斯中国死海旅游区正式开幕

上广告课学到的不仅是广告独特的语言和设计手法，更重要的是贯穿其中的思考方法，尤其是思维导图和头脑风暴法，对以后的各种设计课程都是大有裨益的。

有人认为，广告并未给文化带来什么新的价值和内容，所以并不像建筑那样值得我们详加研究和分析。这种观点已经跟不上时代的发展了。既然广告也可以用建筑学的规划方法来分析，那么它本身也完全可以像建筑一样，经得起推敲与历史的检验。

第二组（图5—6—1，图5—6—2）

创意总监：曾彦研（2001级　环艺）

美术指导：陈俊峰（2001级　装饰艺术）

小组成员：王建勋（99级　新媒介）

伍世盼（99级　国画）

林齐斌（2001级　染织）

图5—6—1　系列之一：投入篇

文案：瑞莱斯黑泥沐浴

图5—6—2　系列之二：瘦身篇

文案：瑞莱斯盐水漂浮浴场黑泥沐浴

第三组（图5—7—1~图5—7—3）

创意总监：朱锐楷（99级　美术学）

美术指导：银坎保（99级　美术教育）

小组成员：张勤彦（2000级　美术教育）

何　为（2001级　美术教育）

上：　图5—7—1 南风篇

左下：图5—7—2 包公篇（黑泥漂白）

文案：不要老想着黑脸，白了也很好看

右下：图5—7—3 张顺篇（盐水漂浮）

文案：不要老想着潜水，浮着也很好玩

第四组（图5—8—1、图5—8—2）

创意总监：郑伟华（2001级 美术教育）

美术指导：周小颖（2000级 版画）

小组成员：颜双艳（2000级 美术学）

王晓文（2000级 服装）

梁　哲（2001级 服装）

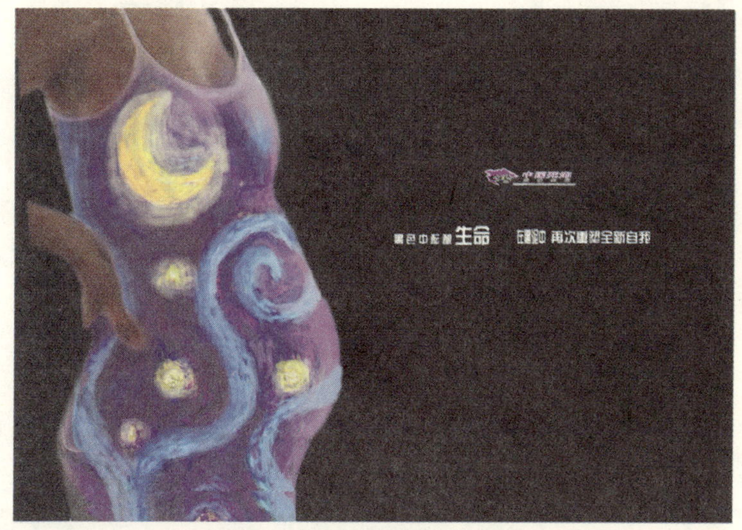

5—8—1　系列之一：黑色中酝酿生命

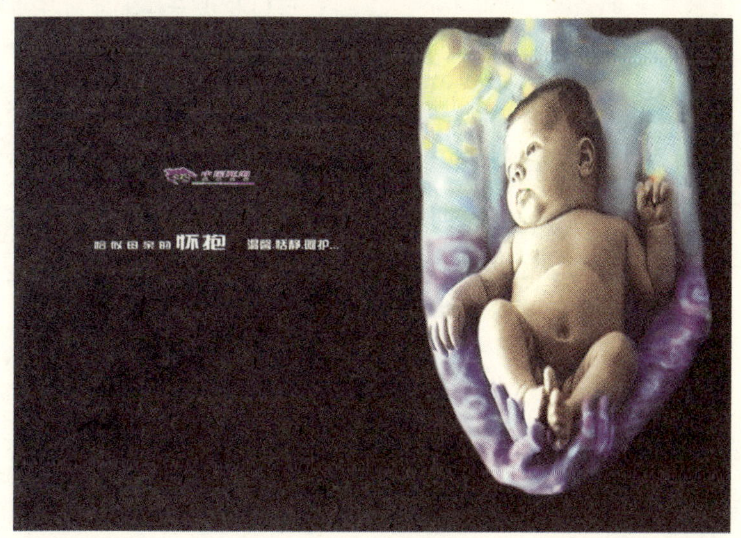

5—8—2　系列之二：恰似母亲的怀抱

小颖的广告历险记

周小颖

我的故事从踏进#504课室开始。
就好似爱丽丝梦游仙境一样，
我走进了广告的童话世界，
并被当中的神奇景象吸引，
我下决心找出这个童话中的宝藏，
——用感觉说话。

1
我身处的不是熟悉的版画系工作室，
而是设计分院的多媒体教室。
我相信这里也会是幻想的天堂。
我身边的精灵们，你们听到了吗？
台上的老师在讲“感觉”。
多么熟悉的论调啊！
我的偶像也经常说：“感觉先行！”
他们说的“感觉”是一样的吗？
在纯艺术的森林里，
“感觉”是至高无上的魔法。
能化腐朽为神奇。
在广告的世界里呢？
这里的“感觉”可以怎样玩呢？
很想看看。
看来广告的世界有点意思！

2
在广告的世界里，我并不寂寞。
命运帮我安排了伙伴。
听说人多力量大，
我很不习惯，
我的每一个幻想，
总让别人踩来踩去，改来改去，
最后它不再是我的孩子了，
总看它不顺眼。

3
“中国死海”、“神奇之旅”，
好奇怪的词啊！
一个神奇的旅游点，我想到……
生命其实很刺激，不要太小心，
来到这神奇的世界，包你开心，
把面具抛开，把自我抛开，
没什么大不了，放心吧，
太在意只会苍老，一切简单就好，
微笑。
happy togeter!
我要把我的感觉告诉其他人，
让他们和我一样，有同样的感觉。
广告不正需要感觉吗？

4
天一下雨，
我的心情就不好，背运也来临。
我的同伴不喜欢我的幻想，
提出了各种各样的问题。
我还能干什呢？
静静坐着，
听他们的吧。
他们的新方案，也不见得好玩！
无休止的争论，无休止的雨，
好痛苦。

5

他们不相信我，总该相信大师吧！
大师的经验是：“想不到就睡觉”。
我们需要做梦。
我一向很尊重我的梦，
它总是能告诉我问题的答案，
因为它的目光比我远大，
能把一切不可能的东西可能化。
雷东，卢奥，都喜欢做梦，
喜欢把梦中的东西表现出来。
梦想成真，一个美丽的泡泡升起了。

6

梦想成真？
到底是谁梦想成真呢？
是我？是我们！
今天算是顿悟了，
画画跟广告还是有些不同。
画画是别人在感受我在玩什么，
广告是我去感受别人想要什么。
那个叫刘德华的家伙还告诉我，
今时今日这样的服务态度是不行的，
对顾客不要说：
This is what you want.
要说：What can I do for you.

7

想让别人感动，
先要让自己感动起来，
我不是我，我是观众，
一个最简单的人。
死海能给我什么呢？
在寂静的白中，有一点蓝色。
在荒芜中就有了一点生命。
水，就是酝酿生命的地方。
去过西北，
在西北呆过的人都会知道，
没有海的这里，
会把稍微大的湖叫做海子，
因为，水太重要了。
酝酿生命，海——就是母亲的感觉。
试想一下，
一个生命回到了酝酿他的地方，
被母亲神奇的力量温柔地托着，
就像，母亲的怀抱。
来到死海，就有这种感觉。
不是我一个人的感觉，
是所有人的感觉。

8

终于，他们认同我的想法。
“大家的感觉”发生作用了！

9

造型，颜色，构图。
这几位昔日的老朋友，
为什么在广告的世界里，
就变得凶残起来了呢？
也许因为“我不是我”吧！
帮别人干活就是有点别扭！
在路边看到人体彩绘的书，很惊人。
用这种语言吧，
我再不做点惊人的事情，会闷死的！
很认真地看了谢赫的《画品》，
很认真地对“经营位置”
进行了再研究！
用以前的武器武装现在的自己。

10

什么叫团结就是力量？
大家一起开通宵时就能体会到。
大家在一起，睡神不能靠近；
大家在一起，东西出得很快。
但每一步都很谨慎。
团队不是互相对骂，是合为一体。
现在才发现这一点，有点迟了。
明天就要交作业。

11

我号召那些喜欢幻想的勇士们，
一起到广告的世界里寻宝吧！
这个世界有点意思！

第五组（图5—9—1，图5—9—2）

创意总监：黄进锋（2001级 装饰艺术）
美术指导：曾惠贞（2000级 服装）
小组成员：温冠南（2000级 版画）
黄　冰（2000级 服装）
陈鹏宇（2001级 美术教育）
何远敬（2000级 版画）

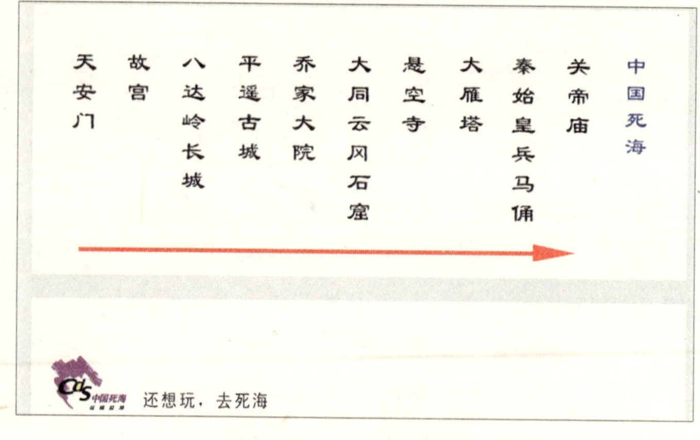

图5—9—1　旅游新干线

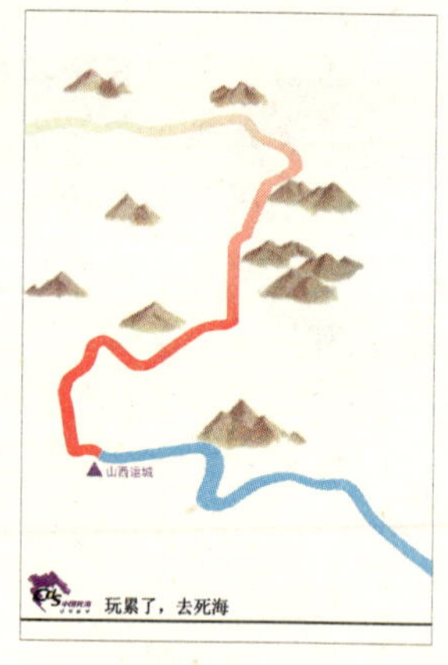

图5—9—2　体力加油站

小组自选题五项(案例三至案例七)

课程名称

广告设计（全院选修课）。

作业设计：小组自选题。

学时数：80学时。

教学点

选修课的学生来自绘画、教育、设计等不同系别，基本上是第一次接触广告设计（但都有绘画基础）。

案例三至案例七的5套小组作业（包括小组创意总监记录的创意过程）取自一次课程。

作业的选题范围包括：

1. 从《真言》杂志刊登的“2001年中国平面广告大检阅”中的100个设计作品中提取品牌资料进行创作。

2. 展开公益题材的广告创作。

这次作业，不仅是对学生的概念制定能力、创意思维能力、执行能力、作品完稿质量的检查，同时也是对教师训练方法可行性的一个检验。

【案例三】向世界介绍中国文化

创意总监：杨　林（2000级 版画）

美术指导：曾　毅（2000级 版画）

小组成员：麦玉瑶（2000级 美术教育）

阮　璐（2000级 版画）

唐伟山（2000级 美术教育）

我与广告的青葱季节

杨林　曾毅

第一次以参与团队的形式进行创作，第一次深入了解从广告创意的思维导图到制作成品的整个过程，第一次面对很多同学解释自己的创意，第一次……这四周的课程让我们有了太多的第一次。

从第一天上课到最后一天结束，每一节课都让我印象如此深刻。接触到广告这个陌生的领域，起初是非常新奇。特别是听到“头脑风暴”、“思维导图”这一类的词，让我觉得或许不是在上广告创意而是经济学。后来体会到那只是一种理念，适用于各个领域。创意也可以上升到理性的高度。

做出了第一次的思维导图，经过投票选出各小组的总监。本小组共五名成员，来自两个绘画系的四个不同专业。创造性的组队形式对我们来说十分陌生，它非常强调小组各成员间的协调与合作，没有合作就出不了好的作品。

四周课中前两周的时间为了创意而苦恼，虽然有思维导图的指导，可有时不得不承认灵感是一闪而过的。

起初我们有了一个自认为不错的创意，即将中国文化的传播表现为一种印记的形式，在各种交流方式中受到影响：如在文化的交流中免不了有礼节的出现，就像握手、拥抱等，而只要接触过就会留下不可磨灭的印象。我们用画面表现出一个参加完音乐会回到家里正在脱衣服的女人的背部特写，上面可以看到一个中国传统吉祥图案；或者是一只正在拦出租车的手部特写，上面同样出现中国图腾的烙印。一系列依此类推。这个想法让我心跳都加快了几分。

当满怀信心地拿到课堂上时，同学和老师却纷纷表示有似曾相识的感觉，并展示了一些精彩的案例来印证他们的说法，例如一个网站的广告。而它们确实成熟许多。不幸的是因为你没看过，就只能把别人走过的弯路再走一遍。

广告创意不能空想。它跟所有的艺术门类一样，有自己的根源，也有自己的典范作参考。能体会到这一点是我们小组工作的一个转折。如何才能站在巨人的肩膀上前行？看书是最有效的，也是最快的方法。

因为我们是以“推广中国文化”为题的，可自己对本国古老而悠久的文化根源又了解多少呢？由此我们倒是得到一次教训：对于一个题材，你自己都不甚了了，谈何去为它做推广！

正是因为这次教训，在这期间图书馆成了我们每天必去的地方。翻了许多好书，其中有不少经典的创意，这时我们又陷入另一种烦恼：为什么这么好的创意别人能想出来我就不行，我们要怎样才能把它做好？

冥冥之中好像有个声音在告诉我：“冥思苦想是不管用的。”于是要求大家放松心情，以更快乐、更享受创意过程的方式投入思考。在这种积极的情绪影响下，我们对中国文化的理解也更进了一步，并且也有了一些新的视角。

中国传统文化以前给人的印象是古老、沉重而又充满神秘感。我们希望在这次推广活动中（当然，是虚拟的）给人们留下的不仅仅是这些，而想带给人们更轻松的形象。这时，我们想到了将中国特有的文房四宝——如毛笔卡通化。一系列三张分别为：文物展篇、音乐会篇和杂技表演篇。将毛笔卡通化并且将它表现在某个特定的场合是个难题；再者就是文化味不足（致命问题），需要读者的思维转几道弯才能明白，这就违背了“广告的诉求必须单纯”这一规则。所以，这套方案经过小组讨论还是决定放弃。

在我们所做的第四次思维导图中出现了一个非常宝贵的词：“童话”。童话伴随着人类历史文化的发展，各个时期的童话故事代表着不同的世界观。童话是人类在残酷的现实生活中开辟出来的一片净土，它寄托着人们很多美好浪漫的幻想。如果以各国人民耳熟能详的欧洲童话故事作为主题，可缩短中国文化与欧洲文化的距离，以更易让人接受的轻松表达方式，使文化交流不再令普通人可望而不可及，实现将文化真正传给大众的目标。就像我们在海报上所写的那样：我们希望在你的眼中，中国文化并非沉重和有着让人琢磨不透的神秘；我们认为理解文化并不是强制的行为，而是在不知不觉中深入生活的细节；我们期待中国文化犹如童话故事一般，成为美好而浪漫的代言，常驻你心。

由于针对的是欧洲受众，因此我们选取了第一印象童话，也就是说脱口而出的童话就可以入围。尽管男生脑子里多是机器人，但童话却也占了一席之地。不多久，草稿纸上便布满了诸如青蛙王子、小红帽与大灰狼、卖火柴的小姑娘等等。但筛选一过，所剩“佳丽”也寥寥无几了。

灰姑娘坐在椅子上镜头只看到她那双半脱的水晶鞋和旁边的中国绣花鞋，她是在为穿鞋苦恼吗？中国绣花鞋真的蛮吸引人哦！青蛙王子默默回味着深情而甜蜜的吻，让他变回王子的是来自中国的公主……草图一堆堆，想法一箩箩，可就是难以统一出精华。我们知道“不要因为在路上压死了蛇，就得在原地放回一条活蛇”，应该放弃不必要的。可是哪些该放弃，哪些该保留呢？

幸好，我们很会苦中作乐。说笑成了头脑轰炸的调解剂。就是这些看似无稽之谈的笑话，使创意画面诞生了！

“灰姑娘的水晶鞋掉了，鞋旁边的楼梯栏杆却起了巨大变化，出现了代表中国的图案——龙。”童话的经典场面再现，加入新的元素，让惯性思维来个颠覆革命，这就是我们的创意所在。本来熟得发烂的情节上居然长出了新芽，这能不让人欣喜若狂吗？

解决问题的缺口一旦被打开，创意就像崩堤的洪水，汹涌而至。鲜活的画面立刻不断呈现在我们眼前。可能大家都对插图怀有特别的情愫，凭借绘画专业的优势、以绘画作为广告的表达方式去寻求最佳的表现语言，便成为了执行的目标。我们每人都画了不少草图，那不断的冲击、融合、升华为我们迈向成功的彼岸提供了用之不竭的动力。

在绘画语言上我们始终抱着万事皆有可能的信念作了很多的尝试（图5—10—1~图5—10—4）。以色彩斑斓的粉笔作为表达媒介是我们首先达成的共识，粉笔经手指揉开后，产生了如梦如诗的画面，十分吻合童话给人的印象。接下来

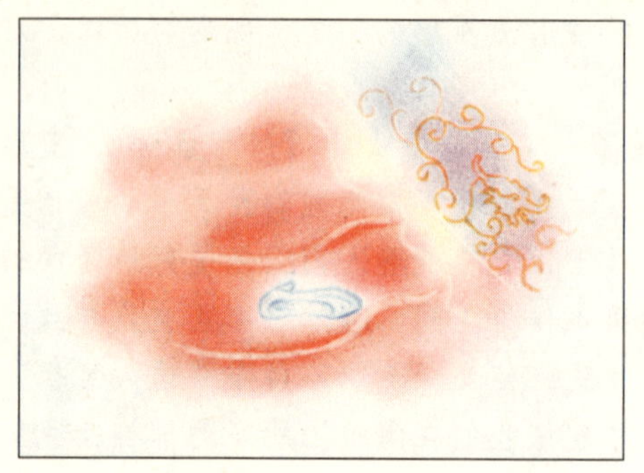

图5—10—1 制作方法：色粉笔 作者：杨林

图5—10—2 制作方法：钢笔 作者：阮璐

图5—10—3 制作方法：铅笔 作者：麦玉瑶

图5—10—4 制作方法：铅笔 作者：曾毅

的一个是白底系列，而至红底系列出炉后我们才发现不少致命的问题。红底系列用的是中国红（图5—10—5~图5—10—7），极具视觉冲击力又强化中国印象，但同白底系列一样，虽色彩缤纷漂亮，却喧宾夺主地把主角给抢了，外国元素上升，中国元素下降。这犯了广告设计的第一视觉大忌。彩铅、钢笔，试了又试，大家疯狂地画呀画呀，近乎贪婪地表现心中的画面。德国的铜版画给我们不少启发，使我们想起了旧式插画那淳朴的黑白线条。白是点燃前的纯洁，黑是洗净铅华的天真。黑白是最原始而永恒的色彩。

广告语是广告的灵魂，是极其重要的部分。现在很流行无文案广告，但这组"推广"中国文化的广告要不仅仅反映东方文化的思想本质、人生哲学，更要巧妙蕴涵中国人独有的智慧与气质，因此，这组广告必须用广告语。

在戛纳震撼中国广告的同时，我们要清醒地知道：广告不光要吸纳别人的东西，传达自己的东西让别人吸纳更加有意义，因为井底之蛙的世纪已经过去，中国的目光应投向全世界。身为美丽语言的使用者，能不心存对博大精深的中国文字的偏爱吗？广告语是我们遇到的一大瓶颈，如何才能让它简洁地表达出深层意念？由于我们所做的系列广告是以某件中国古董而引出的文化传播，不是“物”而是“精神”，“She (he or it) always be here”成为了我们最后提炼出来的广告语。随着令人满意的广告语的新鲜出炉，我们的成就感也油然而生。

制作是将创意升级的关键。广告要单纯，但不单一。开始我们多少有些误解，常在某个局部上来回兜圈子，以为这就叫单纯，有广告味。当我们看到了大师的作品时，才理解到那是文案和图画互为补充而落实到版面上的和谐，那是主体突出、黑白关系明确的统一，那是去掉了繁乱芜

图5—10—5　白雪公主篇(红色系列)

图5—10—6　国王的新衣篇(红色系列)

图5—10—7　灰姑娘篇(红色系列)

杂后的清晰与凝练。借鉴大师作品的排版，加之有中国味的色彩，当黑白画面被一星彩色点亮的时候，我们的主题——宣扬中国文化就在瞬间被唤醒了，广告的目的也就达到了（图5—10—8~图5—10—10）。

创作过程中各成员如何分工？怎样可以提高工作效率？为何要保持对广告高度热爱的状态？这些都是本次课程结束后留给我们的思考。从初始阶段的放射性思维，调动人力物力，让种子遍布每一个角落，寻找无限的可能，到后期的分工越来越细，都需要总监与小组成员间的密切配合，交流统一更是必不可少。广告制作就像划船，需要大家共同努力，一方的放弃或过度承担都可能让船离目的地越来越远。

从初期的跃跃欲试、受肯定时的砰砰心跳，到最后完稿时兴奋且有成就感，我们学到的岂止是广告？我们享受了整个过程，那是谁也无法抢走的宝贵经历。

图5—10—8　国王的新衣篇

图5—10—9　白雪公主篇

图5—10—10　灰姑娘篇

广告语:中国,与世界同在!

文案大意:

希望在你的眼中，中国文化并非沉重和有着让人琢磨不透的神秘；我们认为理解文化并不是强制的行为,而是在不知不觉中深入生活的细节;我们期望中国文化犹如童话故事一般，成为美好而浪漫的代言,常驻你心。

【案例四】向青少年建议预防艾滋病

创意总监：杨潮宗（99级 油画）

美术指导：麦颖怡（2000级 服装）

小组成员：余作朝（99级 环艺）

麦志清（2000级 版画）

麦颖怡（99级 装潢）

学习"广告创意"有感

杨潮宗

在世界上，每一分钟就有六个人感染艾滋病，但至今没有一种疫苗可以预防艾滋病，也没有一种治疗方法可以令患者彻底痊愈。感染了病菌的人群当中，有许多是因为对艾滋病没有正确的认识而酿成了终身大祸。广告是一个传播范围极大、传播力极强的媒介形式，我们志于广告事业的人，有义务和责任尽我们的能力去帮助青少年有效地预防艾滋病。

在广告创意设计课程的学习期间，我与组员余作朝、麦颖怡、麦志清共同选择了"向青少年建议预防艾滋病"这一训练课题。

刚开始的思考是艰难的。尤其对于我而言，脑子里仅仅是一张白纸。作为学绘画的学生，平时我接受的多是色彩、素描造型、构图能力、人体写生等一系列传统训练课程，对创意思维并没有清晰的概念与方向，而且以往的基础训练强调的主要是模仿。在老师"一个概念的放射性思维"启示下，我的思维方式完全改变了。

当我与装潢的麦颖怡不无惶恐地拿出我们共同合作的公益广告——《乳房篇》前去参加第11届"时报广告金犊奖"大赛时，奇迹意想不到地发生了：作品在中国大陆地区的初审中获得了惟一的全场大奖，还有金奖和文案入选奖。实践证明放射性思维训练的确帮助我开发了大脑潜能。

作为针对年轻人的广告，我们对青少年的生活态度及想法进行了全面的分析，避免说教，不摆现象，重点放在青少年的心理特征，制定的创意策略也反映着每一位组员的心理感受。经过讨论，我们发现青少年具有以下特征：侥幸心理，自我保护意识不强，追求刺激，好奇心强，好尝试，反叛心理强。

我们以"青少年自我保护意识不强"的创意点为中心展开思维导图，通过导图，我回想起一篇关于游客参与"蹦极跳"而被绳子绕住脖子导致身亡的意外事件的报导。"蹦极跳"运动极具挑战性，虽然意外发生的几率较低，可其中存在的危险度极大，犹如抱着侥幸的心理对待艾滋病，意外是不知道什么时候降临的。

我们认为青少年容易冲动，自我控制能力不够，同时也考虑了生理上的反应。顿时，脑海里出现了“温度”这一概念，我们不就是要帮青少年的脑袋降一降温吗？“温度计”元素就这样产生了（图5—11—1）。

青少年的人生经验不足，容易受到诱惑，记得有个传说，在某一海域，船只经常发生意外，没有多少船员能生还，那是因为海上有许多美丽无比的美人鱼，船员被她们的美丽的容颜与美妙的歌声引诱了，葬身在海中。“在现实社会中，存在着形形色色的诱惑，青少年好奇心特强，往往就这样陷下去，不能及时回头，后果堪忧。”“青少年面对着鱼钩上的诱饵，应学会抵挡。”组员们激烈地讨论着，闪光的元素“鱼钩”、“美人鱼”产生了（图5—11—2）。

为了彻底运用“思维导图”的学习方法，我要求组员们继续对主题探究下去，“条条大路通罗马”，或许还有新的发现。面对我们每人手上密密麻麻的“思维导图”和各种各样的图形，气氛有点僵化了，身为总监的我可做的就只有帮助大家梳理一下头绪了：“那么，让我们投入到青少年的角色中吧！”

在广州的状元坊，每天都有许多青少年到那里购物，最爱的就是小饰物，看他们的手提袋、书包，都挂满了时尚的玩意。“随身携带”的概念出来了。“出门不能不带的东西是什么？”“是钥匙。”气氛终于解冻了。对于以往有关艾滋病的广告，安全套是个旧元素，可旧是旧，那的确是个有用的元素，也是必须倡导的东西。于是，我们就把“钥匙”与“安全套”的元素提炼出来了（图5—11—3）。

多留意身边的时事、事物、人，甚至是小故事，创意、元素有时候就是那样延展而产生的。

元素的产生不代表广告的完成，而是创意表现的开始。好的创意技法能帮助广告更好地传达信息。在《升温篇》里，我们的温度计被打开了一个小突破口，面对“性”，温度计在一定温度上被“控制”了，一条绳子结束了温度的继续升高；在《鱼

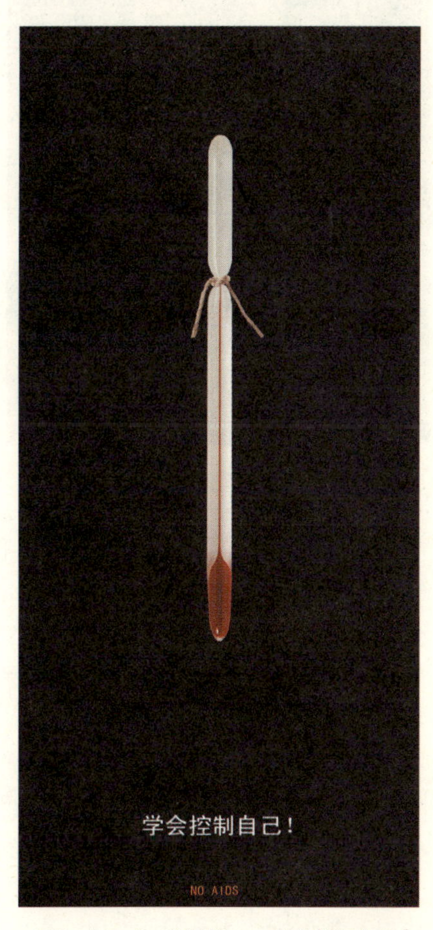

图5—11—1 升温篇——学会控制自己！

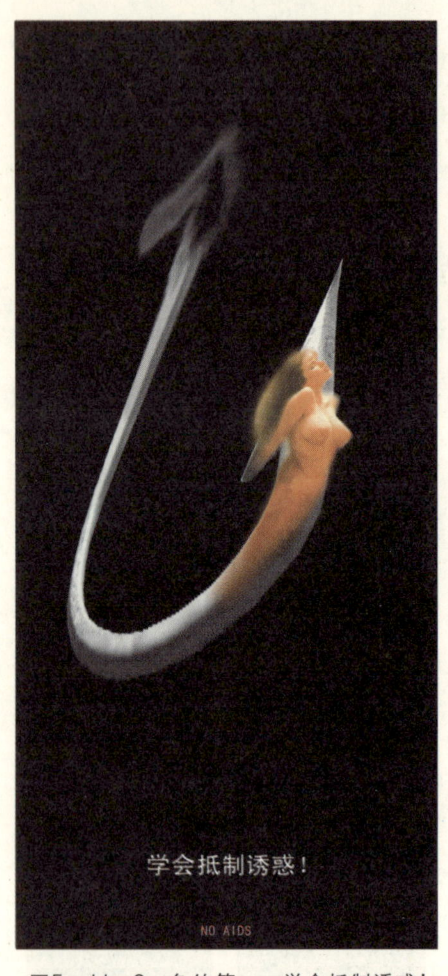

图5—11—2　鱼钩篇——学会抵制诱惑！

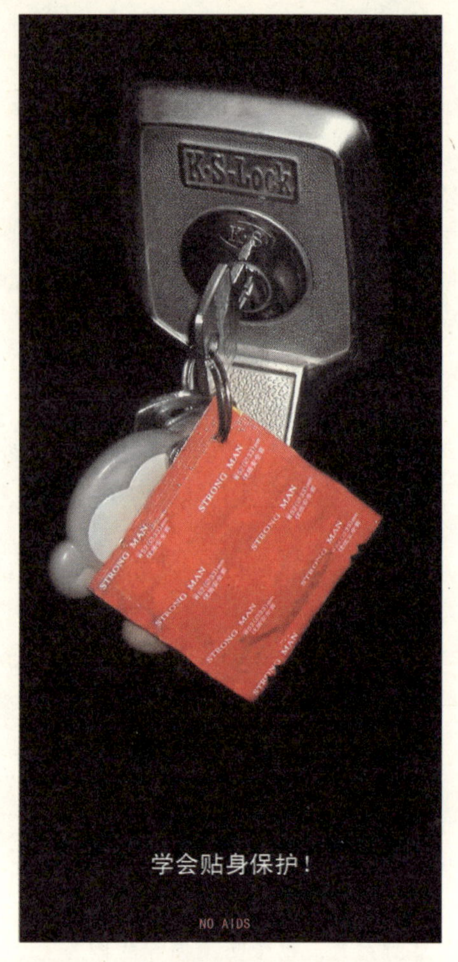

图5—11—3　钥匙篇——学会贴身保护！

钩篇》里，美丽的美人鱼成为了我们的“诱饵”，“优雅”地挂在了鱼钩上，代表着“性”的诱惑，提醒青少年小心她们美丽的诱惑，别成为那些“船员”的一分子；在《钥匙篇》里，每个人都应该有一道“门”，这样才有安全保障，自家的门可不是人人都能打开的，那需要钥匙，如果你信任某人，那就开锁，不过别忘随身携带安全套。

经过大家的共同努力，《升温篇》、《鱼钩篇》、《钥匙篇》完成了，课程的训练也结束了。在课程的学习过程中，我开阔了眼界，充实了对广告的认知。在课程结束后，学习油画专业的我觉得自己被平面的二维空间艺术深深吸引着，我将继续学习，更深入地了解广告，以体会那份广告人的乐趣（后附课程总结思维导图，见图5—11—4）。

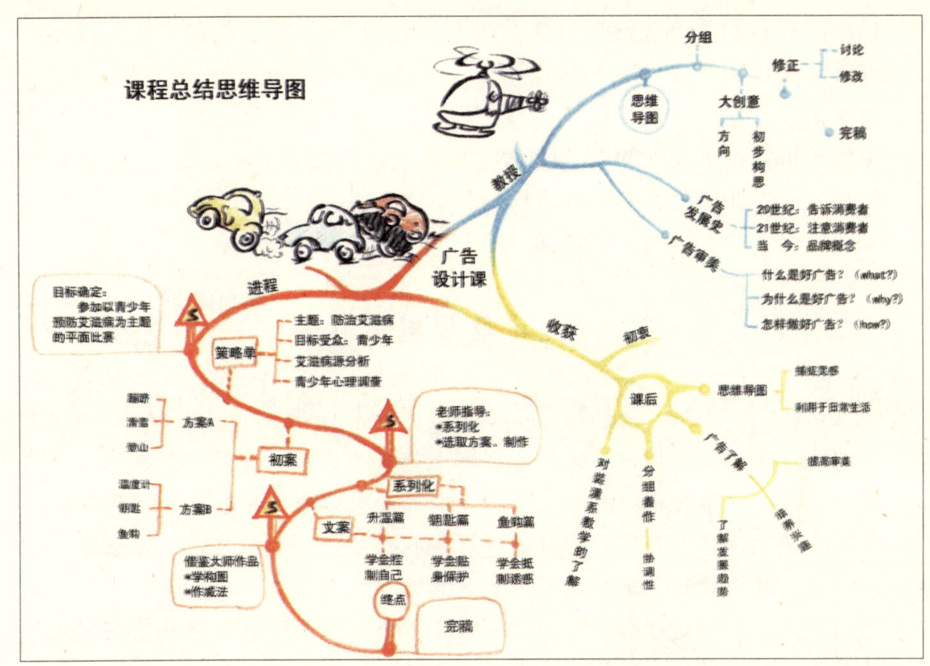

图5—11—4　课程总结思维导图　绘制：余作朝

【案例五】百事流行鞋

创意总监：朱鼎亮（99级 新媒介）
美术指导：徐丹丹（2000级 装艺）
小组成员：肖机灵（99级 设计学）
谢冬萌（99级 新媒介）
林　慧（2000级 油画）

一切就如赋值运算

朱鼎亮

我们小组在创意的提出、方案的拟定上是众多小组之中最快最早的。与其他小组披荆斩棘的探索相比，从起到止，我们的成果似乎都来得有点波澜不惊。

如果丝毫不掩饰这种内心的骄傲，那么我们要说：我们之所以能在创作时做到水到渠成，是因为较早地找到了一个成熟的大创意。这个大创意的成熟来自于立意的独树一帜、形象的个性鲜明以及操作的方向明晰。这使得我们在完稿的过程中几乎不曾再有过什么踌躇与摇摆。

我们在创作中把大创意当作一道公式，把具体操作理解成赋值运算。既然公式已经写好，赋值运算当然就不成问题了。

作为总监，我只需向组员强调不要离开“在私密空间中做传播”这个中心就几近完成指导任务了，也正是如此，徐丹丹找到了“车尾箱”这个极好的完稿方向，与我们之前的“家居”、“办公室”方案一道组成了一个完整的系列。但由于“办公室”方案一时难于找到合适的场景，至完稿时止仍只能以“房间一角”代替（图5—12）。

无疑，我们觉得这是一种低投入高产出的创作方法，能发现与掌握它是让人极其兴奋的。因为在这道大创意的公式中，变量只有一个，而且这个变量又有一个确定的取值范围——还有什么比这更容易计算的东西呢？

这次实践其实是向组员们证明了品牌策略、大创意在广告设计中的巨大力量，让我们认识到做品牌原来也可以如此简单：一切就如演算一道公式，要取得一个好的结果，只需紧守大创意，赋值运算，如此而已。

品牌理解：百事流行鞋是众多鞋类品牌中，惟一把“流行”作为产品定位的品牌。“流行”的概念能否成功地树立，是其安身立命之所在；如何建立与众不同的“流行”概念，更是这个品牌脱颖而出的关键。

创意构思：针对人们对“流行”的理解只是把某种概念“你感染我，我感染他”这样惯常的看法，提出了“流行”并非是强加给别人的，而是从无到有在人们头脑中慢慢生长起来的，它是“私有财产”，这正是其个性所在。只是它在个体中的萌发需要外物的刺激而已。

由此，我们将百事流行鞋所及之处，都思考成一个培养皿，使其成为一个流行鞋可以散发其感染力的场所。由它与周围物体的明显的共主关系，说明“流行”作为一种意识在人脑这个私密的空间中的巨大传播力量。以此突出“流行”概念在生活中越见显著的作用与流行鞋在潮流意识传播中作为因子的中心地位，确立品牌形象。

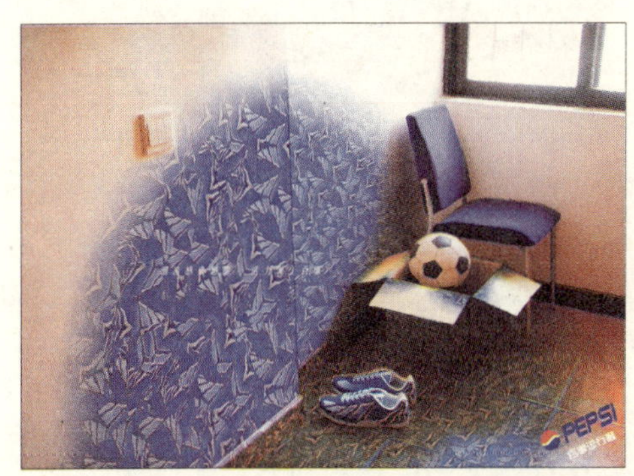

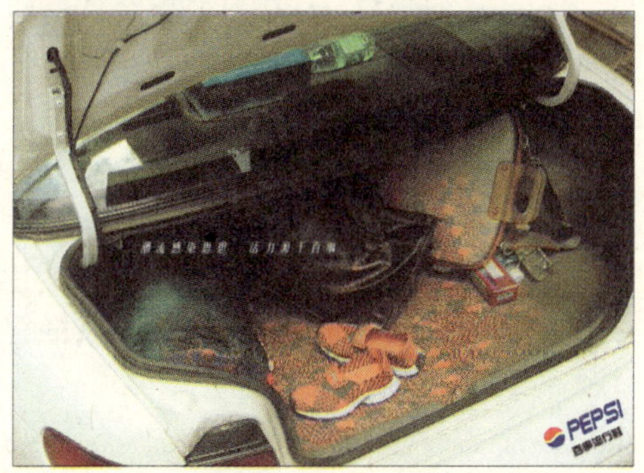

图 5—12　百事流行鞋

广告语：潮流感染思想　活力源于百事

百事流行鞋创意策略单（小组自制）

广告主：美国百事公司（Pepsi Co., Inc.）

产品：百事流行鞋系列

产品简介

百事流行鞋由运动、休闲、时尚三大系列构成，具有明朗、动感、无拘无束的风格，代表着“健康、活力、个性”的21世纪生活理念。百事流行鞋秉承百事产品一贯的高品质理念，采用高质量的材料，依照严格的品质标准生产，为顾客提供最大限度的保障。运动风格的休闲、时装鞋及休闲风格的运动鞋，是风行国际的新概念。今天，由百事流行鞋率先带入中国的，是不甘平庸，富于挑战与创新精神新一代的最佳选择。

广告目的

昭显百事流行鞋的潮流引领者与最鲜明代表的形象。提出潮流的活性更在于它是一种能渗透进思想的方方面面，反映到生活的各个细节中来的心灵元素。拥有百事流行鞋，就如在自己思想的培养皿中种下一颗最具活力的因子。传达“潮流感染思想，活力源于百事”的信息。以此希望得到目标对象的接受与共鸣，达成品牌认同，进而提高商品使用率及达到对品牌的需求。

广告目标对象

喜爱运动与休闲着装的人群。

主要竞争者

耐克、阿迪达斯、安踏、李宁、康威。

商品定位

运动风格的休闲鞋及休闲风格的运动鞋。

【案例六】卡西欧运动型手表

创意总监：麦瑜瑜（99级 新媒介）

美术指导：黄敏冬（99级 服装）

小组成员：胡　蓉（2000级 服装）

李晓迪（2000级 教育）

陈超志（2000级 雕塑）

广告初体验

麦瑜瑜

6月3日

开始广告设计选修的第一节课，老师介绍了专业的特点。

第一次接触广告，感觉有点兴奋，又很紧张，接下来的日子会怎样度过呢？很期待。

6月6日

老师要我们当场做思维导图训练，在半小时内完成，很紧张。在这半小时里，我们的头脑好像飞驰而过的汽车，所掠之地都会留下痕迹，半小时过后，一张白纸排满了密密麻麻的黑字，上面全是我们疯狂思维的结果（这对我们后来的创意讨论有很大的帮助）。

6月10日

创意小组形成，各个小组开始进入课题的讨论，对广告各抒己见。

6月11日

小组讨论广告目标对象、确定广告主。大家经过七嘴八舌的一番议论，最后一致选定运动型的卡西欧手表作为我组的广告选题。

6月14日

策略单完成，第一次的创意方案《喜新厌旧篇》在仓促中形成。创意是：拥有卡西欧手表几年了，想换个新的，可怎样毁坏它都无济于事，它实在是太坚固了……大家对这个创意都不是很满意，想从“做感觉”入手。于是大家决定回去各想一套新方案。在这个创意中，草图上“影子”的表现形式得到老师的肯定。

6月17日

星期一早上组员集中，大家都拿出新的方案来讨论，定了第二次的方案《十二星座篇》，创意大致是：运动是你的个性。通过十二星座的不同性格和手表的联系，体现出卡西欧手表的运动特点，让卡西欧成为运动的标志。可因为创意的不严谨，最后方案被否定了。

6月17日晚

约会老师，根据老师的建议确定了第三次的创意方向——《对比篇》。就是我们最终广告的雏形了。

6月18日

组员上图书馆找资料，感受大师作品。大家收集了许多优秀作品，给往后的制作带来很大帮助。

6月19日

向老师汇报制作的进展。我们踌躇满志，却被老师泼了冷水，大家心里都很难受。

6月20日晚

我们心情都很差，很不甘心，又聚在一起讨论如何改善方案。大家都在低头画草图，突然一位组员抬起头说了她的新想法，大家听了都兴奋地鼓掌赞成。我们当即把老师叫过来，很快我们的新方案通过了，大家心里如释重负，松了口气。

接下来的时间便是进入制作——将思维转换成符号！将想法变成作品！

6月27日晚

组员们熬夜赶出正稿给老师看，第二天虽然个个都很疲惫，不过有了老师的稍微肯定，我们都很高兴。

7月7日晚

老师冒雨来看我们的作业，给了我们很好的建议，使我们的作品得以进一步完善。

在几周的讨论过程中，我们共提出了四个方案：《喜新厌旧篇》、《星座篇》、《对比篇》以及发展到现在的《标识篇》。而每一个旧方案的推翻和新方案的提出都经过了激烈的争论，虽然其中有些矛盾，但正是这样才能不断推进我们的创意，小组合作的力量就是以此体现的。组员来自不同的专业，从不同的专业角度来看广告别有一番新意，这使我们从中感受到了不同想法的闪光点。

卡西欧的G-SHOCK、BABY-G是我们的广告产品，它的多功能性、实用性是吸引我们的地方，而它的运动性则是突出的特点，于是我们将运动这一特点作为卖点，从感觉入手。一个系列分为三篇，分别为《白领篇》、《主妇篇》和《学生篇》。广告语是：让运动溶入血液里；让运动渗透在血液里；让运动跳跃在血液里。我们原来是想采用摄影的形式来表现生活中普通的场景，通过生活中的细节来突出戴表者的与众不同（图5—13—1~图5—13—3）。可经过讨论，大家觉得相片出来的视觉效果太普通，不够强烈，于是还是决定运用图形的语言，因为它更为简洁，视觉冲击力更强。经过多次的尝试，我们本着做减法的理念，力求作品语言少而有力。最终决定去掉人群，缩减成主角一人，更明显地突出手表与人的因果关系。

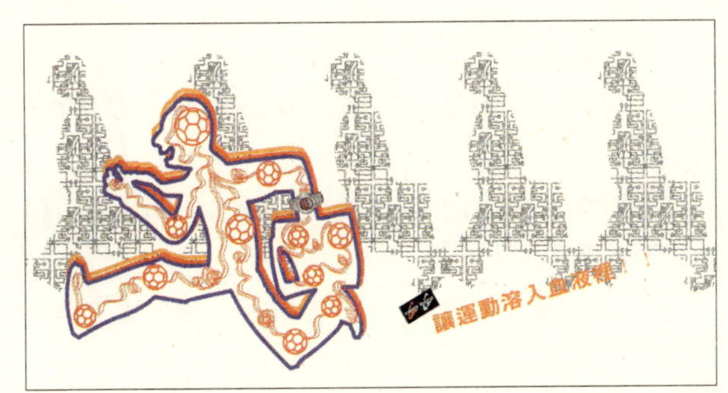

图5—13—1　做减法前的《白领篇》

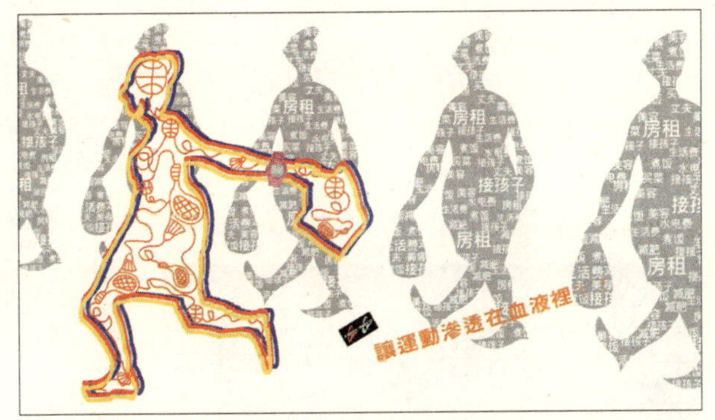

图5—13—2　做减法前的《主妇篇》

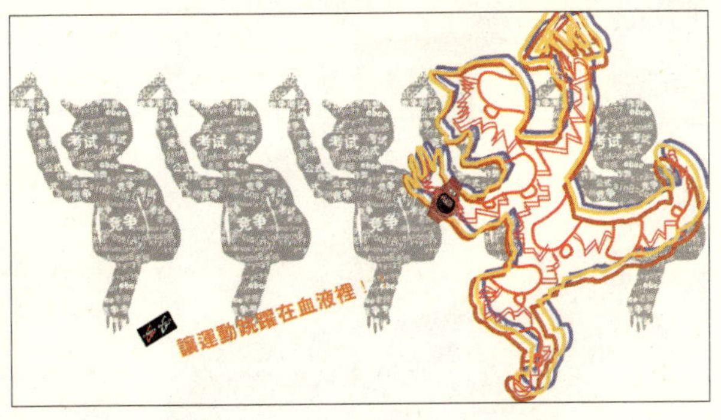

图5—13—3　做减法前的《学生篇》

《白领篇》：手戴着G-SHOCK手表的白领全身充满了运动的元素，动感十足（图5—13—4）。

《主妇篇》：在菜市场，一位手提菜篮子、戴着卡西欧手表的妇人，整个人都充满了动感与活力（图5—13—5）。

《学生篇》：在公车上，

一名手腕上戴着卡西欧手表、活力十足的学生，似乎已成为现代学生的标志（图5—13—6）。

这三个人物形象都是与众不同的，而他们的共同点，就是戴了卡西欧运动型的手表。手表带给人不同的感觉，让拥有者全身都散发出运动活力。活跃的主角采用绚丽的线条来刻画，简洁明快而富于动态感受。

这一系列广告旨在体现手表的运动感，可以将它推崇为新一代运动型新新人类的标志。

当我把作业完整地交给老师时，心里放下了一个大担子，感觉好似度过了一个艰苦历程，其间的坎坷只有自己才知道。正是因为这样的过程，我们已经和上课的第一天完全不同了，因为我们也获得了许多许多……

图 5—13—4 做减法后的《白领篇》

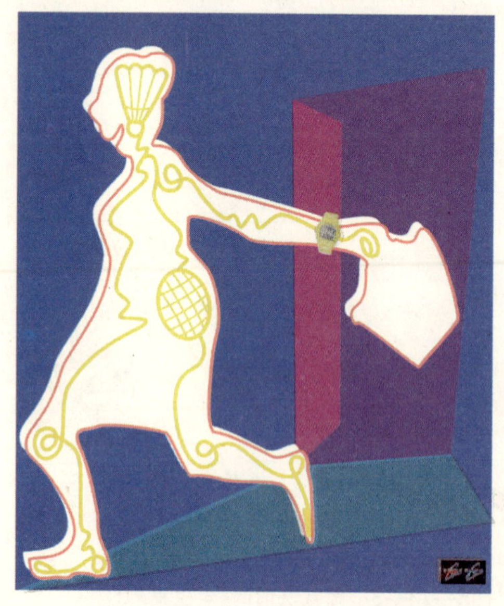

图 5—13—5 做减法后的《主妇篇》

图 5—13—6 做减法后的《学生篇》

卡西欧手表创意策略单（小组自制）

广告主：卡西欧

主　题：卡西欧手表G-SHOCK、BABY-G款式

产品简介

卡西欧G-SHOCK是世界年轻人首选的时尚多功能手表，其设计、功能和特征都有独到之处。G-SHOCK是个冒险分子或者是个好战分子。

与SWATCH多变的造型与装饰性相比，它更突出高科技与多功能的实用。2002年的G-SHOCK推出极限运动系列，适合崇尚挑战喜欢刺激运动的海洋运动斗士，它以流线型设计与缤纷色彩张扬个性，内置10个世界一流的大海滩的潮汐显示图表，能掌握海洋的变化信息。而最新的液晶彩色系列，具备3种颜色的液晶体，可组成12种显示方式。

适合女性的卡西欧BABY-G推出三色底光系列，简洁经典的设计、优雅的造型使本款手表可适用于多种女士活动的场合。另外，最具有特色的是：有3种颜色的底光变化适合各种不同场合的休闲生活的需要。

功能：防震、防水200米、自动背光、30个电话记录、世界时间、闹铃、倒计时、秒表、全自动日历。

广告目的

(1) 在众多竞争品牌之中，产品功能做特色演出。

(2) 使目标对象了解此产品的优点进而产生拥有此产品的渴望。

(3) 告知新功能产品上市。

(4) 将G-SHOCK推崇为新一代运动新新人类的标志。

广告目标对象

(1) 18岁~25岁的，年轻的，喜欢追赶潮流的一族。

(2) 25岁~40岁的，享受休闲生活，喜欢户外活动的人士。

主要竞争对象

SWATCH.

使用方式/场合/时机

可适合多种休闲场合。

商品定位

喜欢运动、休闲生活的人士的最佳伴侣，时尚人生最佳选择。

品牌形象/个性

年轻、运动、个性化、科技感、颜色、时尚美观、坚固、动感强烈。

【案例七】《南方体育》报

创意总监：李燕春（99级　服装）
美术指导：董潇君（99级　国画）
小组成员：张　涵（99级　国画）
摄　　影：朱云波（2000级　油画）
草图绘制：王　飞（2000级　油画）
后期制作：李梁辉　林建青（99级　展示）

关于《南方体育》广告策略及制作的总结汇报

李燕春

不断地肯定，不断地否定；
不断地建立，不断地推翻；
不断地加，不断地减；
还有不断地交流、探讨……
广告就是这样的吗？
也许，
但这就是我们四周以来的广告创作历程。

一个广告的诞生过程，
就是面、线、点的放与收的过程。

思维导图的天马行空、天花乱坠，
——是面；
研究一个方向、一个概念，
——是线；
挑选其中之一的针对性，
——是点。

如此，思维随之收之，放之。
不亦乐乎。

在团队作业中，
调配人事的能力与合作精神同样重要。
一场合作之后，
我们彼此都成了好朋友，
也发现了自身的潜力所在，
不亦乐乎。

组员与组员，组与组，
学生与老师，
相互之间在讨论，
探讨之中不断地迸出新的火花，
不亦乐乎。

“别轻易碰广告！”这是忠告：
广告是件可以令人上瘾的东西！

创意思考

1. 彻底颠覆“读者与报纸”之间传统的接触方式，也就是“报纸—视觉”之间的必然联系。因而，在人的另几个感觉“触觉、听觉、嗅觉”上做文章，让报纸给予人全新的感知区域。

2. 突出报纸特点：《南方体育》的生动性，能够给予读者一个三维空间，在报纸与受众之间进行全方位的交流。

文案

文案概念为："现场零距离"、"异地同感"。

听觉篇："不要以为你听不到。"

嗅觉篇："不要以为你闻不到。"

触觉篇："不要以为你感觉不到。"

执行创意的过程

第一，决定采用哪种表现方式。从组员专业优势考虑，我们决定采用摄影拍摄及后期用电脑制作的方式。然而，摄影进行了两次，第一次失败的原因有两个：其一，模特的表情不到位，因为我们的创意须用模特夸张的面部表情来演绎主题。其二，胡老师向我们建议了很重要的一点，也是我们都忽略了的一点，就是在这三幅作品中可用三个不同的人分别演绎，可以表现我们的广告在受众群体方面的多元化（图5—14—1）。

第二，参考大师作品，无论是构图，文案的格式、字体，还是画面色调的倾向，站在巨人的肩膀上攀登，都使得我们少走弯路。

第三，在画面上做减法，去的不一定是芜，存的也并非全是菁，画面只允许存活最响亮的东西。

广告的口号是："呈现出来，而不仅仅是说出来！"

——所以，我们只以作品说话（图5—14—2～图5—14—4）。

图5—14—1　创意草图

图5—14—2　嗅觉篇

图5—14—3　听觉篇

图5—14—4　触觉篇

《南方体育》创意策略单（小组自制）

广告主：南方日报报业集团

产品：《南方体育》报

产品简介

1. 报道评析国内外体坛赛事。

2. 评论关于体育或由体育引发的话题。

广告目的

1. 借中国成功获得2008奥运会主办权，中国足球进入世界杯的好时机，倡导积极向上的运动精神。

2. 为《南方体育》开拓更大的市场。随着电视节目的日益丰富，如何留住向电视跳槽的群体，如何吸引新读者。

广告目标对象

1. 主目标：关注体育事业、体育运动的人士。

2. 男性中学生、大学生可为一大市场。

使用方式/场合/时机

任何激情时刻或需要激情的时刻。

主要竞争者

1. 地方性报刊体育专版，如《广州日报》、《羊城晚报》体育版。

2. 专业性报刊，如《体坛周末》。

商品定位

给予受众最真实的报道。提出“现场零距离”的概念，缩短受众与报纸之间的桥梁，制造“异地同感”的全方位体验。

品牌形象/个性

真实、准确。

必要列入事项

南方日报报业集团主办，南方体育报社出版。

全国刊号：CN44—0121

网址：www.nanfangdaily.com.cn

E-mail：nfsports@21cn.com

第六章

创意深化的过程

一、调整、想象和联系

装潢进修班学员上广告设计课时，郑州的黄刚作了一个题为“游戏人生”的公益广告创意，画面是整个游戏机屏幕，画面上方两条张嘴笑着的鱼面对着游向入口，中间是又分又离的通道，画面下方是两条笑鱼在出口处分道扬镳。他说，现代人的婚姻有如游戏，缺乏严肃，就像在游戏里玩了一把。这个构思和出发点都很好，但公益广告的作用除了指出问题，更要给大众以正确引导，要深化这个创意，可以把分手的鱼的表情改一下：一条鱼闭上了嘴，眼里掉下了泪珠；另一条鱼仍在张嘴笑……这时传达出的信息是，在这个游戏里有人受到了伤害！因此，“游戏人生”的构思不再停留于表象了，而是在传达公益广告的更深层的目的。

二、“减法概念”的运用

“减法概念”的运用与创意必须单纯、广告只有一个卖点的广告观相适应。“减法概念”就是用最少的话把事情说清楚，突出表现在元素的选择和使用上，其主导法则是去繁就简。减法之所以重要，是因为创意越单纯越容易被记住。

三、特别强调

1. 创意难，执行更难。
2. 加东西容易，减东西难。
3. 要给人以印象就必须有独特个性，使用的元素应未曾被占有或未曾被注意。

第一节 国际品牌操作案例——星巴克咖啡 Doppio 计划

教学点

2002 年，我收到两份创意简报及来自上海的传真邀请，请我带上两名学生远赴上海，参加 7 月 17 日到 19 日在上海金茂大厦举行的为期三天的“金铅笔广告大会”以及“2002 One Show‘Workshop’（创意工厂）”活动。函中说：

> 1.本次会议专门面对广告、品牌策略管理、创意表达、媒介运营、公共关系、多媒体运用等领域，为其提供全球广告业、品牌主及媒介行业最新变化趋势的晴雨表。
>
> 2.提供本年度最为睿智的品牌策略和创意表达，并能从全球行业先驱的真实案例中学习打造中国市场品牌和制胜战略与经验。
>
> 3.取得有效建立品牌策略、创意表达、媒介运营系统市场推广方案的最佳逻辑思维理念，为个人及团队的高效运作进行全面提速。因此你不得不来，请参加我们的行列，加入世界的行列。

我带上罗滔（她的毕业设计题目“Kaffa 咖啡”与星巴克的创意要求相吻合），再从选修课中挑选了小组总监朱鼎亮，加上研究生廖宏勇的参与，进入了创意的准备与实施……

成员：罗　滔（98 级　装潢）
　　　朱鼎亮（99 级　新媒介）
　　　廖宏勇（2000 级研究生　广告设计）
内容：包装提案
　　　广告创意提案

一、对品牌的分析与理解

星巴克——与众不同的仪式般的消费体验。

星巴克非常注意咖啡豆的烘焙方式，纯手工完成烘焙的全过程。

图6—1　星巴克咖啡logo

要在中国推广星巴克这一品牌（图 6—1），首先要让中国大众认识咖啡，并对咖啡文化产生浓厚的兴趣，使它像中国的饮食文化一样深入人心。

鉴于“星巴克文化”在日本的轰动，以及在中国越来越受推崇，创意小组回顾了罗滔的“Kaffa Coffee”最原始的意念——浓厚的非洲文化渊源，而这恰恰与星巴克文化背景不谋而合。

正是受这种文化的吸引，我们找到了星巴克的“根”。

二、罗滔的自拟品牌“Kaffa 咖啡”的改装图

图 6—2—1 至图 6—2—5 为罗滔将自拟品牌“Kaffa 咖啡”毕业设计作品进行改装后的“星巴克咖啡”的包装设计系列。

图6—2—1　咖啡袋

图6—2—2　木雕与咖啡的结合

图6—2—3　罐装咖啡

图6—2—4　力量与甜美的结合

图6—2—5　咖啡地图

三、罗滔的毕业论文

沉默的推销员——包装文化的附加价值

罗　滔

英国学者赫伯说过：艺术是商业因素，当其他方面都相同时，最艺术的产品将赢得市场。

在新的市场经济的条件下，竞争越来越激烈，无数商业交易证明：产品艺术化，销售艺术化，是现代商业竞争的主要手段。

随着社会科技的进步和市场经济渐向社会大文化发展，文化日益成为一个富有蓬勃生机的动态系统，而且日益向多元化、艺术化方向跃进，日益多维地反映社会和时代的整体特征。人们的精神视野得到了极大的发展，审美情趣得到了极大的提高，人们的需求层次亦不断地提升，人们不只满足于低级的物质需求，转而要求美的享受和价值的体现。这导致了消费者消费观念的变化：一种超物质超功能的感性消费开始出现。消费者越来越重视产品的文化底蕴了。

非洲是人类的发源地之一，也是人类文化的起源地之一。对一个钟情咖啡的人来说，非洲的确是咖啡神话的发源地。相传咖啡是埃塞俄比亚高原的一位名叫

卡尔迪 (Kaldi) 的牧羊人发现的：一天卡尔迪无意中发现他的羊在青草中吃了一种植物的果实后，变得非常精神、活泼，充满活力，从此发现了咖啡。广阔的草原、纯朴的民风，加上充满神秘色彩的咖啡神话，的确令喜爱饮咖啡的人多了一份美丽的幻想。还有一种说法，认为咖啡亦源于埃塞俄比亚一个小镇“Kaffa”，于是“Kaffa Coffee”诞生了，它是最原始的，是最原汁原味的，因为它就来自埃塞俄比亚的卡发省——咖啡的故乡。悠久的历史文化是它不断延伸的价值，要把这一具有历史和文化价值的芳香重新植入人心，就应树立这一品牌。

品牌是一种有效的营销沟通工具，而品牌塑造是多种因素的集合结果，包装是其中一个重要方面。

1962 年美国总统向国会提出过一个“消费者主权议案”，该议案中有一句重要的话：“由于商品结构愈趋复杂，消费者不具有判断其优劣的能力，所以生产者必须对商品品质负全面性的责任。”

声称消费者没有能力判断商品的优劣，是否是对消费者智力的一种侮辱呢？事实并非如此，这句话不过是站在消费者的主权立场上指出了如下一个基本的事实：在传统的简单的商品的市场中，消费者可以主要依靠自己的经验和感官对商品的优劣做出判断。例如：用手指尖碰刀口检查刀具是否锋利，凭外观和色泽判断衣料的好坏，听声音比较收音机的质量等等。但在越来越复杂的现代商品市场环境中，许多商品的科技含量越来越高，其复杂程度之高，零部件数量之多，令非专业人士无法判断。另一方面，同类商品大量出现，种类多不胜举，令消费者眼花缭乱：

买一双运动鞋，有 1000 个以上品牌和样式可供选择；

购一只牙膏，至少有 140 种品牌和花色；

香烟的品牌多达 2000 多种；

在美国选购汽车，要面对 752 种品牌和型号（还不包括不同颜色），仅超小型车，就有 126 种。

广告权威 D.奥格威说：“产品越相似，在进行品牌选择时，区分的理由越少。”

包装设计中软性推销、情感推销与理性推销一样起着重要作用。出色的包装设计能使产品得到消费者青睐。“好的品牌包装永远比一个推销员有用，它是识别商品的一面旗帜，是商品价值的象征，是品牌的无形资产，它具有品牌所有的要素，是品牌的本体。”

包装发挥着销售作用，它能够通过与消费者无声的对话来促使消费者做出购买决策。它服务于品牌，但也能破坏商品的品牌形象；它能够促成交易，也能够破坏交易的进行。包装设计的作用已不再仅仅是塞满货架，它还在诱惑消费者以引发冲动型购买，包装设计者是在品牌与消费者之间建立联系。

因此，包装不仅仅具有实用功能，而且要成为一个“推销员”，甚至是消费者与品牌间长久联系的缔造者，是品牌的化身。

包装是一种营销工具——或者至少是一种销售工具。“包装作为推销员——一种崭新的角色，是沟通企业和消费者的桥梁，是售货枢纽。产品通过调查研究、宣传和分销而被摆上货架，最后一个步骤，从货架到购货者手中，则依赖于包装的好坏。”

在超级市场及其同类的其他商场中，包装自身已起到说服和接待顾客的很大作用。一种包装必须能够真正地引起人们对产品的注意，而在吸引消费者后，它必须隐退到幕后，而把产品推到前面来。

消费者被一个品牌吸引，首先是因为它提供了人们需要的某种特殊利益，理智的或感情的利益，或是两者的结合。无论包装如何准确地代表了产品的特征，消费者也不会仅仅因为这一点就被吸引，他们不会仅因为装饰很漂亮就被吸引，他们也不会仅仅因为醒目而动心。当然产品特征、美的吸引和货架摆放都很重要。但它们本身并不能激发试用，动人的提议和利益的有效传播才能激发试用。因为利益传播（即一种强烈的观念）是整体品牌策略的重心。整体品牌的包装比非整体包装更能激发试用，且产品的其他方面同样遵循这个规律。

许多营销人员只是依靠广告来传播他们的品牌要素，而只要求包装在买卖时必须能支持和正确代表品牌。这种方法当然可行，但它依赖于消费者高度的忠诚并记住他们的广告。当在卖点有标语或其他代表物宣传品牌时，消费者能回忆起品牌定位或全部。这种方法同时也假定他们的广告是100%到达目标市场。即使这种假定变为现实不是一种空想，那也意味着大笔可怕的费用，尤其是在那些媒体分割严重的时候。

对那些拥有庞大广告预算的品牌，为什么不能利用包装设计传播品牌要素呢？正如J.彼尔蒂史在《无言的推销》一书中所说：“相对于包装，应该说广告宣传太贵了。”

据研究，在美国一家经营15 000个产品项目的普通超级市场里，一般购物者大约每分钟浏览300件产品。假设53%的购买活动属冲动购买，此时的包装效果就相当于5秒钟的重视，设计良好的包装有助于消费者迅速辨认出产品属于哪家公司或哪个品牌。据估算，平均每个美国消费者每年要看到该公司红白相间的瓶装产品76次，其产品包装的促销效果相当于花费2600万美元的广告效果。

Nabisco公司拥有一个快餐品牌——Twiglers，产品是盒装的，几乎英国的每个家庭都买过它，但一年内只有一两次，作为party稍微尝尝的菜单目录之一，或是用来在圣诞节走亲戚用。这一产品的包装限制了它的使用，由此限制了其在消费者头脑中的品牌价值。当Twiglers只是把包装改成了落袋装以利于“边走边吃”，就使销量增加了10倍。

一个瓶子，竟成了全球性文化标志。可口可乐瓶是印第安纳卢特玻璃公司的A.塞缪尔森和E.迪安在1915年设计的。当时他们可能也没有意识到他们为20世纪创造出了最令人认同的标志。

为可口可乐饮料设计一个独特的瓶子是一家包装瓶生产厂家提出来的。他们的愿望是："人们在黑暗中就知道他所摸到的那种饮料就是可口可乐。瓶子的样子应该是这样的，即使破碎了，人们也能一眼就看出那是什么东西。"

80年后，世界上195个国家和超过20亿人口都能很轻松地找到他们熟悉的可口可乐瓶。

迪安的创造激情，来自于他在1913年版的《大英百科全书》中看到的可可瓶的一幅绘画。他设计出了曲线的瓶子，使可口可乐瓶区别于其他直线型的瓶子。

随着时代的发展，塞缪尔森和迪安的设计已进行了一些改进，比如把弧型瓶身中部收窄，改用绿色的瓶子等。这种绿色就是后来人们所熟悉的"佐治亚绿色"——这样称呼是因为可口可乐的总部在佐治亚州亚特兰大。

但是，在过去百年间，可口可乐瓶的设计基本上没有什么改动。无论在世界上什么地方，人们都可以看到他们熟知的这种瓶子，可口可乐瓶已经成为一种全球性的文化现象。

可口可乐瓶的图案曾被作为著名的《时代》杂志的封面。1960年，可口可乐公司决定保护这个珍贵的设计，为可口可乐瓶注册了商标，使之成为全球第一个获得专利的瓶子。

包装作为与消费者直接沟通的媒介物，被人们誉为"沉默的推销员"。消费者不能直接与公司接触，他们所能接触的只是广告与产品，而广告是可见不可触的，市场上的产品才是消费者真正接触的东西。消费者使用产品后的感觉反馈必然与记忆中的包装、品牌相联系。因此，可以说，包装成了产品形象的宣传，又同时是品牌形象的具体化，包装设计几乎是品牌形象的直接传播与推出。

包装设计可以创造或改变品牌个性，这一点已被许多定性研究所证明。

优良的材料和成熟的技术，独具匠心的包装造型，摄影、绘画、图案、字体、色彩、印刷等各种视觉传达手段的运用，都可以强化品牌的个性。这并不奇怪，人们都会通过封面判断书的内容，通过穿着判断人的个性，如果把包装作为品牌的衣服，这是很自然的。而我们对品牌个性的判断至少是部分来自它的穿着(包装)。整体品牌策略则把品牌个性放在包装决策的首位加以考虑。包装设计就是企业气质、品牌个性的塑造，它是视觉效应和心理效应相统一的设计，包装设计如不强调品牌的个性，就无法在琳琅满目的商品中显示自己的独特。

可口可乐的瓶型就开创了饮料包装先河：绿色的玻璃瓶显示出与众不同的气质和难以言传的魅力，立即获得消费者的好感，并使同类产品相形见绌，以致为竞争的对手竞相模仿，其瓶型成为可乐型饮料的象征。在装潢设计上，可口可乐以红底上的白色草体字突出品牌，而自己草体字形成一条S形的飘带，仿佛乘风破浪前进中的帆船，异常醒目，并显示出热情、活泼、亲切的性格，在消费者脑海中烙下深刻的印记。

再如，用茅台酒百年陈酿精心勾兑的茅台新酒——汉帝茅台酒，其包装以独特的魅力荣获了1992年国际包装最高奖——“世界之星”奖。其包装分为三层，外层为包装纸盒，选用金黄箔纸衬底，烫着中国古代宫廷福运如意之类的图案，正面写“汉帝茅台酒”；中层是纯金色的铜铸盒子，形似放入的皇帝玉玺，顶上一条出水神龙，口含纯金圆珠，破浪腾空欲飞；金盒里面，红色丝绒嵌藏着一个白色玉瓷酒瓶和两只金光闪闪的爵杯。整个包装，既蕴涵中华民族悠久文化的光辉，又象征着今天龙之传人的崛起。其大胆巧妙地将中国古代皇帝的玉玺放大做成铜盒的造型，令人耳目一新。这种雍容华贵的包装，衬托出汉帝茅台的高贵，强化了品牌的独特气质，使人过目难忘。

我从包装材料、包装结构、包装造型、包装装潢共同组成的一个有机的包装系统入手，塑造我的“Kaffa Coffee”品牌形象。

通过大量的资料，我找到了非洲最具代表的最原始的木雕来作为它的个性推广（图6—3）。木雕——野旷、古朴、单纯，不受格局限制，不受道德常规压抑。非洲的木雕来自于非洲民间，大多是生活必需品，有猎手的刀弓、家中的木椅、盛饭的碗、贮存食品的坛子、祭奠用的面具等等，在非洲部落，这些生活必需品构成个人的财产，和生存相联系。木雕系着一个或几个同族人的命运以及部落的兴衰，这使它们显得格外凝重起来。从非洲的木雕艺术里，我找到了我所要

图6—3 非洲木雕

树立的咖啡形象的核心。材料、结构、造型、装潢都统一使用“木雕”，统一、原始又富有个性，同时极具触感，这是我设计时最强调的意念——“触摸的感觉”。即使消费者闭着眼睛，失去嗅觉，也能感受到咖啡传来的阵阵浓香。

Logo源自于非洲原始图腾，金色和黑色的组合，粗犷之中又显其威严、高贵。图腾是部落的象征，在这儿则是咖啡的品牌象征，螺旋的线条似是咖啡从非洲香飘万里。咖啡豆包装造型使用圆形，结合木雕形象，体现原始韵味，圆形本身也给人以圆满和包容的感觉，使包装产生亲切感、历史感。咖啡和咖啡伴侣则选用了非洲木雕酋长和夫人为代表，显其尊贵地位。速溶咖啡更是咖啡意念的体现，用分散的非洲地图为底，裹住咖啡，收集全套就可以找到咖啡的故乡——Kaffa。

人们透过包装，可能获得有关产品的丰富知识和信息。希望可以通过这套咖啡，让人体会非洲的种种风情，感受木雕的原始艺术。

四、星巴克咖啡的广告创意

抓住中国大众对“根”的执著追求，我找到了咖啡的发源地——非洲，并被咖啡神话般的故事深深地吸引，一种异国情调在心底悄然萌发。

空降兵与酋长夫妇——大创意概念的延续

朱鼎亮

准备阶段

其实，《寻找篇》是在原来思路山穷水尽之时冒出来的。

我们起初的策略是这样的:罗滔的包装有很好的基础,我为流行鞋开发的广告概念也有可取之处。我们设法将两个基础整合起来,从而能在有限的时间内更快更好地制定一个适用于星巴克的大创意来,迅速完稿。一句话,就是换个方法套下去,了事。

说是说得轻巧，实施起来却总是事与愿违的：我们从流行鞋“感染”的基础出发，想借着星巴克产品的高品质与高品味，以星巴克的咖啡文化入手，相应地提出一套做“吸引”的东西来。我们抓到“磁力线”这根救命草。当时觉得这是一个挺能将“吸引”概念外化的手法，而且在这“磁力线”上有文章可做，蛮不错的。但几天过去了，我们渐渐意识到，顺着“磁力线”往下走将会是个死胡同，最大的瓶颈在于无法以更多样的手法将咖啡、磁力线、文化味三者结合起来，提出的几个方案，都有陷入编排设计之嫌的危险。搞不好，不但表达方式落入俗套，而且会累及整个大创意最终变味儿。“磁力线”到此已不可为。我们决定暂时放弃“磁力线”这个方向，跳出来重新思考。接下来的几天，连续提出了几个做咖啡“感觉”的方案，如“音乐美”（咖啡杯与留声机的结合），“清醒与沉醉”（咖啡杯与红酒杯的结合）等等，非常扣题，“感觉”也做得非常到位，大家都认同就此完稿亦未尝不可了。可在细细揣摩咀嚼之下，又还是觉得就此了结，总有些不尽人意之处。

于是我们又回到了星巴克的创意简报与企业文化上来。

重新审视创意简报，我开始思考罗滔为我们搜集的资料：星巴克有其独特的经营理念，从制作到储存到销售，对自己的要求几乎到了苛刻的地步，他们要证明他们的咖啡是最好的，他们能做到别人做不到的东西，“为了做最好的咖啡，我们可以不惜工本!”——这才是星巴克与众不同之处。

或许是受了廖宏勇先前提及“咖啡是二战时的战备物资”的启发（还是受了《拯救大兵瑞恩》的影响?），我眼前一时间出现了无数降落伞的形象，几乎与此同时，“为了找到最好的咖啡豆”也呼之欲出了。兴奋之下马上操机制作，并按海、陆、空三方面展开的思路完稿，经过一小时的奋斗，有了现在看到的三张平面作业（图6—4）。

图6—4　广告语:为了找到最好的咖啡豆

攻坚阶段

虽说我们这个团队已经为这个课程准备了两套广告方案，一套做的是品牌概念，一套做的是咖啡的感觉，可谓攻守兼备了，但胡老师仍直觉地认为，不把广告建立在这套有成熟概念的包装之上是非常可惜的（课程上 Joe Duffy[①]的提议恰恰证明了胡老师当时的要求是正确的），单以现在的东西摆出去，过于松散，

① Joe Duffy，在上海举行的“2002 One Show ‘Workshop’（创意工厂）”的训练官。

不成体系，没有力量。所以我们得在火车上加班，以罗滔的“酋长和酋长夫人”为母题再做平面广告的创作，以使这个概念能够一线飞渡，贯穿包装、平面与影视，令三者一体化。

在接下来的20分钟里，我做了以下的思考：

“酋长和酋长夫人”为咖啡创造了一对密不可分的伴侣形象，这一点可以说是在其非洲原始风味的“野趣”之上更引人入胜的地方。既然要立足在这个概念上去思考，这一点是必然要纳入到思考中心去的，其余的想法只能围绕它，支撑它。既然如此，那么Double Shot的“强力提神”与法布基诺的“使精神放松”就有了落脚点了。到此为止，目标可以说已经相当明晰了，就是要想办法把“强力提神”与“酋长和酋长夫人的共同作用”连成一线；另一方面，要把“使精神放松”与“酋长和酋长夫人的共同作用”连成一线。

经过对材料快速的发散思考与筛选之后，我确定要以非洲土著身体的彩绘为切入点。非洲土著认为在身上脸上绘图刺青，就能以此借鬼神之力而战无不胜。这正是他们的信念和传统，要是出征前酋长亲手帮战士勾画脸谱，壮其士气，那么“提神”一处便有戏可唱了（图6—5—1）……一仗既成，立刻扭转马头直奔“放松”而去。

图6—5—1　广告语：不仅是力量

其实刚一进入，承接方才“出征”的惯性，便马上有了“塞外征夫，闺中思妇”的联想，但这显然不好深入，作罢。或许为这对情侣创造一个甜蜜、恬静的气氛会更有放松味一点，“此时无声胜有声”的环境又使我马上想到了“睡眠的安静”——“儿童的午睡”便在脑子里形成了（图6—5—2）。是的，既然在上一篇中加入了“战士”，那么“儿童”在这篇中的出现就太有必要了，因为这样一来，酋长夫妇精神一体而又各司其职的形象才真正有了施展的场地。毕竟，在如此特定的环境中，男女领袖各有其不可替代的地位与作用。

图6—5—2　广告语：不仅是甜美

回头一看，心中暗喜，因为我已经在无意之间完成了简报的另一项要求："广告宣传将塑造两个独立但又是相互补充的概念。"

完成阶段

在火车上我们就已经觉得没有把影视广告做完十分可惜，但毕竟我们的能力有限，也就只有姑且在影视广告的位置上虚席以待创意的降临了——这样我们就把影视广告部分的创作主动权交到了 Joe Duffy 手里，也只有这样安慰自己了。

出乎意料的是，Joe Duffy 在看了那三张《寻找篇》的平面广告之后，特别有兴趣，他的手一直在"降落伞"前不停地比划着，口中念念有词，当我意识到他是在向我示意如何使用镜头语言，从局部到全局地表现伞兵空降那壮阔的气势时，我也激动起来了——我在这组广告构思形成的时候也是这样思考的啊！我和大师想到一块了！他更明确地提出要求：把"降落伞"做成影视脚本，第二天交给他。

就这一任务要求，当天下午胡川妮老师又作出了指导：按 Joe Duffy 的意思去做，但是要给他惊喜，也要回到我们既定的"酋长和酋长夫人"的主题中来。这一下可真叫我们为难了——降落伞跟酋长夫妇哪里搭边啊？一个下午的时间，我们搜肠刮肚也毫无收获，黄昏的时候，我们又和胡老师坐到一起交换意见。之后，诸如"伞兵到土著部落里抢夺咖啡，土著拼死保护"之类的方案一个个地被枪毙掉了。这也是理所当然的，把这两者对立起来的做法实在是有欠妥当的，而且这样一来叙事就会相当的冗繁了。既然把两者对立起来不可取，那么，合并两个概念会否可行呢？——"伞兵就是土著，土著就是伞兵！"我把这个想法提出来，马上得到了大家的支持，在得出"酋长在望远镜中看到漫天的土著伞兵降落而露出笑容"后，大家一致认为可以动手画分镜了。

两小时之后，李澄暲加入。他看了我们的分镜头草稿，觉得我们并没有把故事说完整，镜头画面的影视感觉也不强烈，故事的情节只使他觉得土著士兵是在训练。

啊！还是旁观者清啊！他提出的意见不仅有助于分镜草稿的改善，"训练"二字更为我们指明了完稿的最终出路。"你觉得他们是在训练吗？——我们干脆就把它做成训练得了！"这样一来，上天下地，截然不同的时空概念，对影视广告来说岂不更妙？而且还跟"不惜工本地寻找咖啡豆"的主题紧紧咬合在一起了(图 6—6、图 6—7)。

大功告成！

(1)土著兄弟神情紧张特写

(2)从高台往下看

(3)酋长监督士兵练习

(4)偶尔会有失败

(5)酋长与夫人不满的神情

(6)伞兵从天而降

(7)看见完成任务的士兵

(8)士兵手捧最好的咖啡豆

(9)伞兵不断从天而降

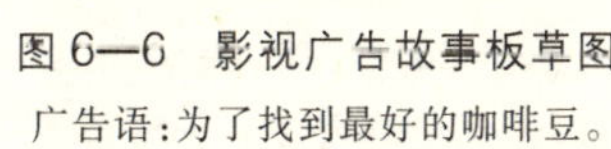

图6—6　影视广告故事板草图

广告语:为了找到最好的咖啡豆。

图6—7　咖啡罐包装

Fallon公司创意简报(一)——品牌广告任务

什么品牌？ 什么产品？	星巴克 Double Shot 和瓶装法布基诺。	本次任务是什么？	双品牌战略，塑造即冲即饮型咖啡。
分析商业挑战，需要有创造性的解决方案。	随着星巴克瓶装法布基诺的推出，北美咖啡联合会（NACP）已经为即冲即饮型咖啡定义了一个市场基础：现在该类型的咖啡市场潜力大约为4亿美金。但是这只是代表了它真正潜力很小的一部分。现在Double shot的推出（这是一种全新的产品）使得NACP有了两种令人心动的即冲即饮咖啡可以推广，而这两种咖啡不仅丰富了即冲即饮咖啡的类型，而且还为星巴克品牌提供了最终占领这一市场的契机。为了迎合这一商业需求以便推动并且占有这个市场，2002年度的广告策略将定位在做广告宣传时，把这两种产品进行合二为一的推广，并且给于它们非常清晰和独立的市场定位，以迎合不同需求层次的顾客的要求。例如，Double Shot具有很强的提神作用，而瓶装的法布基诺使人放松。在顾客的头脑中树立起星巴克即冲即饮咖啡品牌的同时，广告宣传也需要能够吸引人们尝试Double Shot，并且同时尝试瓶装的法布基诺。		
针对这一挑战，可以赋予什么样的全新视角？	星巴克的经营经验基于咖啡满足了顾客的双重需求：即咖啡既让人放松，又让人提神；既让人恢复，又让人休息；或者能让人精力充沛，同时又能起到镇静的作用。如果在星巴克的咖啡店中这些经验是正确的话，那么也应该同样适用于即冲即饮的咖啡。NACP现在终于有了两种同时具备这种双重性的即冲即饮咖啡。在现实中，它的意义不在于推出了两种产品，而是星巴克的双重体验现在又多了一种即带即走的表现形式。		
沟通能起什么作用？怎么起作用？	激发人们对咖啡双重性的认识，即咖啡既是一种可以提神，口感很强的饮料，又是具有镇静作用的饮料。要使得这些体验带给顾客的享受（这点人们通常是认为在咖啡店才会有）在全新的即冲即饮咖啡也同样具备，广告宣传将塑造两个独立但是又相互补充的概念吸引顾客。它应该使产品具备浪漫气息，并对不同需求层次的人有不可抵挡的诱惑力。		

续前表

<table>
<tr><td>什么品牌？什么产品？</td><td>星巴克 Double Shot 和瓶装法布基诺。</td><td>本次任务是什么？</td><td>双品牌战略，塑造即冲即饮型咖啡。</td></tr>
<tr><td>描述：我们面对的客户群是谁？执行这一计划的思路是什么？</td><td colspan="3">有经验，熟悉咖啡，并在他们多姿多彩的生活中努力寻求提神与放松之间的平衡的顾客。他们充分了解星巴克以及它所代表的内涵。他们喜欢星巴克不仅是因为它的产品，而且也是因为欣赏星巴克的丰富的品牌内涵。他们有成熟的品位，也很理解在咖啡和品尝咖啡之间固有的不同。无论他们是在寻求提神或者放松，他们都很满足于咖啡所带给他们的体验。星巴克已经使得成百万的人懂得了咖啡文化的丰富内涵。这些人的生活总是很忙，他们需要咖啡来提神或者放松，并且希望咖啡品位高，携带方便。</td></tr>
<tr><td>关键的思路。</td><td colspan="3">体验星巴克即冲即饮型咖啡的两种不同风味，即 Double Shot 和法布基诺。</td></tr>
<tr><td>如何使他们信服？</td><td>Double Shot——一种罐装的浓咖啡。它混合了星巴克 Esperesso 和奶油口味，属冷饮料，便于走动时携带。
瓶装法布基诺——使人放松的瓶装咖啡。口感醇香，是星巴克咖啡和原味奶油的完美结合，使人无论在精神、身体还是思维上都得到很好的放松。
这两种都来自于星巴克，一个咖啡品牌的标志，一个带你走向咖啡世界无穷诱惑力的空间。
这两种咖啡代表了星巴克咖啡的高质量，同时顾客又能以最方便的形式携带，并且最容易购买到（一天 24 小时，一周 7 天）。</td><td>我们应该确定什么样的基调？</td><td>多种体验和感觉。
能起到启发的作用，使人有购买的愿望。
成熟。
有品位而且很容易买到。</td></tr>
<tr><td>不同媒体的不同侧重。</td><td>在电视媒体上我们将展现咖啡的这种双重体验。
在海报上，我们将能够推动产品的认可度，并向激发人们购买欲这个方向靠拢。
在相关媒体上表达咖啡能带给顾客相互对立的两面性感受。</td><td>还有其他创意吗？</td><td>为上下班的人提供这两种产品的品尝机会。</td></tr>
<tr><td>出发点与方案执行考虑。</td><td colspan="3">通过暗示的方式表现该产品的不同优点，但是并不拘泥于产品仅适用早晨和下午的定位。是 Double Shot 类型还是瓶装法布基诺类型的人？
我们必须通过不同的广告投放，产品定位的简洁非常重要。</td></tr>
</table>

Fallon公司创意简报(二)——包装设计思路

什么品牌? 什么产品?	星巴克 Doppio 计划。	本次任务是什么?	包装,设计的思路。
分析商业挑战,需要有创造性的解决方案。	Doppio 是星巴克计划推出的一种新的 Ready-to-drink 咖啡。这种新口味的咖啡混合了原味星巴克浓咖啡和香甜奶油的风味,并以罐装冷藏的方式提供给顾客。在将来,还会推出不同的风味(巧克力、肉桂等),或者口感轻重不同的咖啡(比如会有含一到三份不等的浓咖啡),因此,包装设计需要灵活多变。现在 Doppio 遇到的关键的挑战是如何克服顾客在尝试期间会遇到的困难。在这其中,包装设计所起的作用是为这 5.5 盎司的罐装产品提供能够帮助它受欢迎的创意。 挑战一:在大超市中如何让这一小罐的包装引人注目(即如何让顾客注意到并挑选 Doppio)。 挑战二:克服把 Doppio 与罐装速冲咖啡联系起来的负面效果,为罐装产品建立一个独树一帜的品牌(让顾客相信他们为这一小罐 5.5 盎司咖啡付出的 2 美元物有所值)。		
针对这一挑战,可以赋予什么样的全新视角?	星巴克零售品牌的一个重要内涵是一种仪式般的顾客消费体验,这包括咖啡的准备(这一切都用手工进行),顾客在星巴克中所花的时间和他们的消费方式。顾客对这种仪式有一种情感上的需要,因为星巴克在他们心目中代表了他们一天中用于犒劳自己的地方。而速冲的星巴克咖啡缺乏这一内涵。因此,一个富有创意的包装设计需要在 Doppio 中也能体现这种星巴克与众不同的仪式般的消费体验。		
沟通能起什么作用?怎么起作用?	包装设计应该能够促使顾客不断地尝试,再尝试,并且使得这一品牌看起来像是来自星巴克的大礼包,富有新意,让人无法抗拒。		

续前表

<table>
<tr><td>什么品牌？
什么产品？</td><td>星巴克
Doppio 计划。</td><td>本次任务是什么？</td><td>包装，设计的思路。</td></tr>
<tr><td>描述：我们面对的客户群是谁？执行这一计划的思路是什么？</td><td colspan="3">18 岁到 34 岁的喜欢特别风味咖啡的人。他们习惯了喝星巴克不同口味的咖啡：Lattes, Cappuccinos, Mochas，等等。因此他们知道浓咖啡是可以调制出极佳的口味的。Doppio 吸引他们的地方是它提供给他们一种外带的方便，这样哪怕他们在外店也可以品尝到星巴克的咖啡。他们讨厌口感糟糕的提神饮料。他们需要振奋，以面对生活。他们知道一份含有双份浓咖啡的星巴克咖啡才是他们真正所需要的，而 Doppio 就能满足他们的这种需求。</td></tr>
<tr><td>关键的思路</td><td colspan="3">Doppio 是星巴克浓咖啡和奶油咖啡完美的合二为一的产品。</td></tr>
<tr><td>如何使他们信服？</td><td>星巴克的品牌特点和声誉（星巴克=质量+口味）。
2 份的浓咖啡使星巴克浓郁的风味淋漓尽现。
适量奶油的添加将让人回味无穷。</td><td>应该确定什么样的基调？</td><td>现代感。
原汁原味感。
物有所值感。</td></tr>
<tr><td>出发点与方案执行考虑。</td><td colspan="3">在视觉语言的运用上，应该避免产品被误解为能量补充或者提神饮料。
对星巴克品牌的阐述应清晰明了，产品特性描述以及产品的定位同样要清楚。
必须掌握信息的清单。
不应该传达这样一种视觉语言，使得人们觉得在早晨饮用时，它的味道太浓。
白色的星巴克咖啡杯已经成为星巴克的一种标志和人们的一种向往。Doppio 应该有体现它自身价值的徽标。</td></tr>
</table>

第二节　毕业设计与毕业论文教学部署

毕业设计与毕业论文教学工作周期：14周（280学时）。

一、毕业设计课程指导思想

毕业设计是整个本科教学的最后部分，是全面考核学生四年学习成果的重要课程。通过毕业设计，综合性地考查学生专业设计思想、专业设计理论知识、创意思维能力、专业基础和设计技能，并结合具体项目实施，展现学生分析问题和解决问题的能力。

毕业设计以展示个人能力为出发点，用各自的作品说话，是学生的一次自我策划与个性演绎过程，也是毕业生的一次极好的自我推介活动。

二、毕业设计与毕业论文要求

（一）专业设计作品（包括核心作品、个人总结手册、展板内容设计）

1. 核心作品。核心作品即代表作品，有两种选题方式：

（1）选定一个品牌，用广告、包装、VI、网页、影像等专业的表达方式进行品牌视觉的体系设计（如：可以从VI、包装一直做到广告、网页等，立足品牌，尽量将自己能力融入其中）。

（2）抓一种设计表达方式（如：广告、包装、VI、网页、影像任选一种），立足这一个设计形式来做单项系列设计（做足它，把自己的审美品味、设计能力充分展现出来，以此方式表现本身专业特长，引起受众的注意与认知）。

2. 个人总结手册。个人总结手册是对四年学习的回顾或对某一专业的系统总结和提炼，要求建立全面思考又不失其主要观点的个人学习体系。切忌零碎、散乱的拼凑。

3. 展板、展台内容设计。展板、展台内容还包括个人形象、个人追寻口号等个性化展示内容的设计，以及论文观点提要的版面编排。注意要把它们与核心作品一起做整体规划。

（二）毕业论文（即学士学位论文，分为学术论文和议论文）

1. 学术论文：用来进行科学研究描述科研成果的文章。

2. 议论文：

(1) 对学科领域以内的某些现象（问题）提出自己的见解或主张并加以论述的文章。

(2) 在学习本专业的过程中对体会深刻、感兴趣的问题发表论述。

毕业论文由论点（立论）、论据、论证构成。要求选题新颖、逻辑性强、文理通顺、语言明快。论文要在5000字以上。

三、作品展示

(一) 展示条件

为每人提供的展线包括：

1. 展板，宽2.4米（分两块）。

2. 展台，长1米、宽0.5米。

3. 如有需要可另提供一台iMac苹果电脑。展板上的内容主要是核心作品和论文观点提要，还包括个人照片、个人口号、个人形象符号等。展台上的内容主要是个人总结手册、包装设计实物或设计小趣味。

(二) 展位形式

做统一性规划，便于让学生把精力集中在作品创作上，充分利用方寸之地，发挥个人特性。希望学生尽量提升个人作品的层次内涵，以其综合价值构成集体的实力形象，最终形成一种整体氛围，使个人主题归结到一个集体主题——如“这就是我”，进一步达到“这就是98级装潢班”的展示理念等等。

四、教学形式

在毕业创作指导教师的指引下，突出学生的主体作用。分步骤展开工作：

1. 在前期让学生弄清个人水平所处的位置，并制定努力的目标。

2. 着手总结手册的整理；积累创作激情。

3. 进入核心作品的创意、设计。

4. 进入正稿制作。

5. 实施布展。

教师根据问卷确定各个阶段的观摩、检查方式，除与学生开展个别约会辅导外，还制定出相应的时间表进行定期汇看，以利于进度把握与交流。

五、评价标准

对学生作品的最终评价标准，从三个方面考虑：

1. 规划能力。

2. 创意表现能力。核心作品以创意为重心，用创意的震撼性、原创性、相关性作为衡量的标准，要求执行到位；论文的论点一定要新颖、明晰且具有深度。

3. 展示效果。活跃展示版位，包括展位布局上的创意幽默（有趣的东西会增强观众的记忆度），任何展示形式都应为所表现的主题服务。

上述评价标准会影响到学生毕业设计的评分，也关系到观众、舆论的评价，以及个人的机遇等等。

六、毕业设计课程第一阶段调查问卷

1. 本次毕业设计确定的主题对你有何触动？脑子里有什么闪电想法？请尽量多地捕捉下来并加以描述。

2. 你认为自己的创意能力、表现能力怎么样？对哪些东西较敏感？对哪些较没把握？

3. 对核心作品的思考：你在广告、包装、VI、网页、影像几个专业方向中，计划用单项还是以品牌为核心展开设计？单项——即立足一种设计形式做系列设计；以品牌为核心——即从包装（甚至可以从标志起）做到广告等等。

4. 你准备在此次毕业设计中给自己选定一个什么样的主题内容？你为自己提炼的一句追寻口号大概是什么样的（如“我会飞了”、“我在创造”等等）？你准备为自己设计一个什么样的视觉符号？还有什么非常聪明的构思？

5. 你怎样规划你的代表作品（核心项目）？是做模拟项目，还是真实项目？你对资金如何考虑的？

6. 如果选择包装设计，你是倾向市场要求的类型，还是倾向具有探索性、前卫性的个人创意？请谈谈初步设想。

7. 如果选择网页设计作为主要方向，那你有否想过网站的主题是什么？或者你希望建立一个怎样的网站？

8. 你有没有做影视广告的打算？或者有关的动态影像？准备怎样来规划、执行，并最终实现它？

9. 你对展厅布置有什么构思？比如对布展要求、展位关系等。在这里提供展厅平面图，请试着规划一下（平面图另附）。

10. 每人的展线： 两块展板（共宽2.4米）、一个展台（1米×0.5米）；如有需要可另提供一台iMac苹果电脑。你还有什么构想，请记录下来。

11. 你准备怎样令你的展位更吸引人，给别人更深刻的印象，也给自己更多的认可和机遇？

12. 此次毕业设计本着自己对自己的作品负责的原则，你信心如何？请根据班上的情况给自己定一个位置（上、中、下），为什么定这个位置？你要求自己到达哪个位置？

13. 若集体展示效果好，且条件许可（包括个人资金准备到位），会考虑出一本作品纪念册，你有什么意见与建议？

第三节　毕业论文与毕业设计个案四项

【个案一】

色彩的情感与个性

何明杰(98级　装潢)

在创意构思的过程中为了拓展视野，深化层次，我们往往需要运用多种思维方式来开发对事物的理解，去努力获得创造的启示。我们希望以全新的视点、全新的认识和理解引发与众不同的突破恒常定式的表现形式，我们希望具有化平淡为神奇的创造力。这就需要我们在运用各种思维方式对事物进行由表及里的审视和剖析的过程中，不断发现事物全新的涵义并赋之以新的表现形式和生命力；在由此及彼的比较中，以敏锐的目光审度事物之间难以发现的差别和联系，并对它们进行全新的艺术组合。在众多思维方式中，“比较”(或称并置比较）的创意方法是颇具魅力和效果的一种。

在多种比较方式上，色彩比较是最具有感染力的。在设计的过程中我们常把画面或物像中需要重点突出的部分进行突兀的色相改造，并根据设计需要运用其他的色彩配置方案，使这一重点部分同其他部分形成强烈对比，获得极为醒目的效果。色彩比较有时干脆就用黑色和彩色（无色相和有色相）进行比较，这样便可以把要作比较的事物鲜明地展现在受众面前，使画面更具视觉冲击力和震撼力。

我的两套海报设计都运用了这种具有无限魅力和感染力的表现手法。

“例外”春装上市海报系列

看到“春天”两字，马上就会联想到“种子萌芽”，“冰雪融化”，“百花盛开”等景象，而“春”字对我的感觉则是在压抑中得到解脱而重生，在黑暗里见到生机，就如我的三张系列海报——“春临例外，绿树挂衣”那样……

首先让我们来了解一下“例外”（图6—8)。“例外”给人的一种感觉是一

EXCEPTION
de MIXMIND

图6—8 “例外”logo

间“概念店”，一间格调偏向于成熟和时尚的时装店，它所提倡的是现代时尚人所追寻的生活概念——例外（一种与众不同的生活方式），它表现出时尚人类那种不羁和颠倒的意识，从Logo就可以感受到“例外”与众不同的品牌形象。

对于春天的感觉，我觉得是一种意境（图6—9—1~图6—9—3）。灵光在脑

图6—9—1 春临例外，绿树挂衣——“例外”春装上市的系列海报（一）

图6—9—3 春临例外，绿树挂衣——“例外”春装上市的系列海报（三）

图6—9—2 春临例外，绿树挂衣——“例外”春装上市的系列海报（二）

海里一闪而过，我捉住的是几个残碎的片段——树木、土地、绿色……也许这些都是比较熟悉和常见的东西，但如果运用得好，创意就可以马上脱颖而出，其实很多很好的创意就是从生活中来的，别小看这些细小的片段，它们可以带给你无限的创意和灵感。我就凭着这些东西不断地寻找感受。而“枯树”是我画面的主体之一，因为我觉得只有这些已经枯死的老树才能表达出我所要追寻的那种“死后重生”、“黑暗中得到解脱”的意境。而干涸的土地则是环境的“死气”，以它作背景，更能突出那种“生气”的价值。绿色——一种充满韧性和生命力的颜色，它无限的活力使枯燥平凡的画面立即跳动起来。为了要表现出“时装”这一不可缺少的元素，我选择了“衣架”这个用来展示时装的工具来表现春装。为了使画面更具感染力，我运用了“色彩比较”的表现手法，以黑白与绿色的对比来突出我所要表达的“春意”。

设计广告，了解品牌是最基本的前提，对于“例外”的了解是我亲身去它的专卖店观察所感受到的。灰色调的“例外”有一种感性的成熟美，它给我的整体印象就是一间时尚的概念店，所以“感性”和“概念”是这套设计的思维导向，而心灵的“意境”就是设计的主题。大地重获新生就如“例外”张挂新衣一样的美好，衣架为“春叶”，挂在光秃秃的枯树上，就如“萌芽”的大地，处处充满生气……运用色彩比较的方法，把灰暗的大地跟绿色带有生机的衣架作强烈的对比，使画面更具感染力和震撼力。

“康师傅红烧牛肉面”系列海报

也许是因为我个人对色彩比较偏好，所以在“康师傅红烧牛肉面”系列海报的设计上也同样运用了这种色彩比较的表现手法。

作为食品的广告，在做创意之前更是要了解市场和品牌本身的个性，在它的策略单上我们看到这样的资料：

产品简介

真材实料，配料丰富，急火爆香，小火慢炖，汤头香浓，面粉中加鸡蛋，营养又爽滑，汤头好，口味足。

广告目的

藉由广告巩固“康师傅红烧牛肉面”的领导地位，并朝着现代、年轻的方向发展，跳脱“康师傅”给消费者的旧有的认知。

广告目标对象

15岁~34岁，个性活泼，具现代感与符合潮流的人，在群体中是活跃分子。

使用方式/场合/时机

在比较放松时觉得吃方便面是一种享受，购买时考虑因素为汤好，口味好，到处都买得到，价格合理。

商品定位

“康师傅红烧牛肉面”是全国消费者普遍熟悉且认同的红烧牛肉面。

广告主张

就是这个味儿。

品牌形象/个性

“康师傅”是最正宗、最专业，值得信赖，时时有新意，溶入生活，满足消费者吃的需求的专家。

“让广告做得更专业”是我对设计的一个基本要求。而“尝试”是我对产品的了解的一个过程，要是自己都没有尝试过，那怎么可以说服消费者去买呢？作为食品的广告，味道和口感是最重要的，“红烧牛肉面”的“香辣，味浓”，有种“火爆”的口感。“跟着感觉走”使我把这种最原始的感觉带进了设计中，所以“火焰”成了设计的元素之一。根据策略单，我把设计的概念定位在：人、面、火、牛四者上，以“难以驯服”为切入点来贯彻整套创意，把“西部牛仔”的不羁和“西班牙斗牛士”的勇猛作为基体，通过他们与牛（我在创意上把牛肉面和牛结合在一起）之间的关系来表现红烧牛肉面的那种“难以驯服”和“难以抵挡”的味道。红、黄、黑、白等强烈的色彩对比使画面具有震撼力和冲击力（图6—10—1~图6—10—2）。

通过色彩的对比我们可以更好地感受到画面所要带给我们的视觉信息，更直接地感受到色彩所带给我们的情感。色彩又是一种世界性的语言。在当今市场日趋成熟，竞争品牌林立的今天，要使品牌具有明显区别于其他品牌的视觉特征，更富有诱惑消费者的魅力，刺激和指导消费者，以及增强人们对品牌形象的记忆，都离不开色彩的设计与运用。由于色彩在品牌竞争中独到的传达作用、识别作用与象征作用，可以毫不夸张地说，色彩不但具有塑造品牌个性、提升品牌形象的功能，而且有着不可低估的市场拉动作用，是品牌竞争制胜的法宝。

图6—10—1　西班牙斗牛士篇——“康师傅红烧牛肉面”系列海报(一)

图6—10—2　西部牛仔篇——“康师傅红烧牛肉面”系列海报(二)

【个案二】

诗意的设计

陈燕飞（98级　装潢）

设计从20世纪初发展至现在，是一个从“功能”到“形象”再到“意象”的发展过程。拿产品广告的发展来说，一开始的产品广告只是告诉人们有这样一个东西；随着竞争的激烈化，广告产生了形象区别功能；再接着到商品极其丰富，单纯一种固定的形象已经很难留住人们的视线的时候，设计者就提出对产品本身所固有特点的超越的观点，这称之为“意象”。

这个发展的过程，不是一种单纯的提高，更是人类思维的一种深层的挖掘。“意象”较“形象”更加深入人心，在人的潜意识里产生根深蒂固的影响，产生心灵共鸣的效果，并影响着人们的生活方式。这正像埃托·索托萨斯，一个具有巨大影响的设计家曾经所说的那样：“设计对我而言……是探讨生活的一种方式，它是探讨社会、政治、爱情、食物，甚至设计本身的一种方式，归根结底，它是关于建立一种象征生活完美的乌托邦的或隐喻的方式。当然，对我而言，设计并不一定限于为那些或‘精’或‘简’的工业生产的或‘好’或‘劣’的产品提供某种形式。”

我们的生活及其生活的世界从来没有像上个世纪那样，在几十年间经历如此多的根本性的改变。表面上，人类似乎长驱直入而到达了一个由超级消费、高速信息网络、高技术工具等事物组成的超级时代；但另一方面，人类的精神处境以及社会结构，却出现了前所未有的如此多的可能性和如此多的黑暗，现实中的一切都不复成为确定。没有乌托邦的斗争和没有斗争的乌托邦都同时存在，人们的注意力从对爱、性、欢乐和权力的热情堕入了悲观的深谷，与此同时，人们却也不断进行着重新获取信心的尝试，当这种尝试和人们的日常生活被更强大的不确定以及来自于技术、政治、商业的力量所卷入的时候，便激起了更深的混乱和无序。

在这种尝试当中，广告业构成了当代城市景区的主要元素之一。由于广告的覆盖，人、街景、时间和空间的自然状况全都消逝了，在公共活动空间里，社会的戏剧和政治的戏剧都在一点点地缩小而依附于广告。广告已经渗入到每个领域，而公共场所的传统美感（街道、纪念性建筑物、市场、旅游景点）则慢慢消失了。广告无所不在的陈示，垄断了大众的生活……这是我们今天惟一的建筑：巨大的屏幕上闪烁着运动中的原子、粒子和分子。已经没有公众活动的场所或真正的公共活动空间，只有庞大的旋转、交换和短暂连接的场。但这并不是人类的一个错误，在这一个商业富有和技术文明社会的基础上，人们用智力劳动和情趣劳动取代简单劳动，并更关注人自身的目的、人性、创造、消闲等非劳动性区域。这种追求生存质量的变化，是一种真正的革命。

在这革命中，设计也在发生翻天覆地的变化，与传统的设计观念不同的是，现在的设计是追求“一种无目的性的、不可预料的和无法准确测定的抒情价值”，大量的设计是“种种能引起诗意反应的物品”。这意味着设计作品正在迅速地与艺术作品靠拢，设计过程正在与艺术创造接近。此时的设计者必须有反其道而行之的态度，抛弃讲究功利和功能的“美好”经验，对设计对象似乎与人们的物质生活息息相关的功能性进行超越，使设计作品成就一种特殊的知觉态度，至少可以在某段时间内，被人们视为神圣的和仪式性的东西，并帮助人们取得审美的生活形式或生活风格，赋予它一种诗般的意义（我的毕业设计在努力向这一方向开进，参见我的毕业设计基础图图6—11—1~图6—11—5和毕业设计作品图图6—11—6~图6—11—9）。

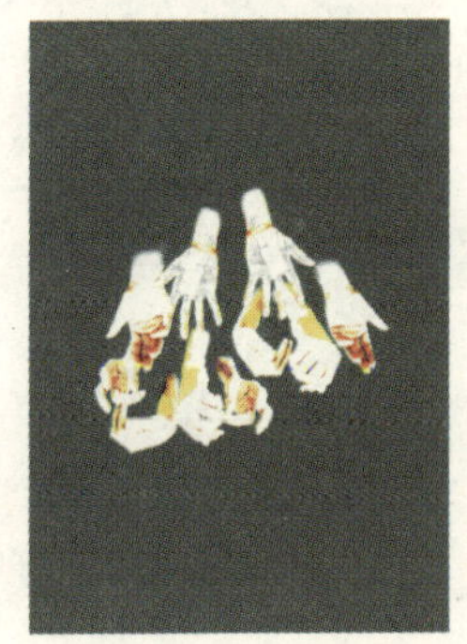

图6—11—1　创作的前奏(一)

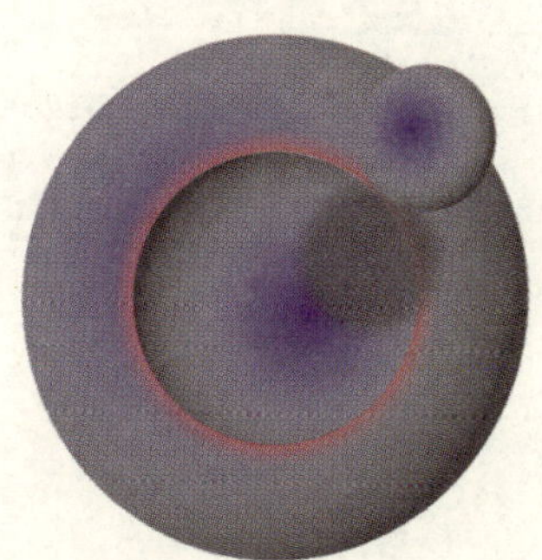

图6—11—2　创作的前奏(二)

图6—11—3　创作的前奏(三)

图6—11—4　创作的前奏(四)

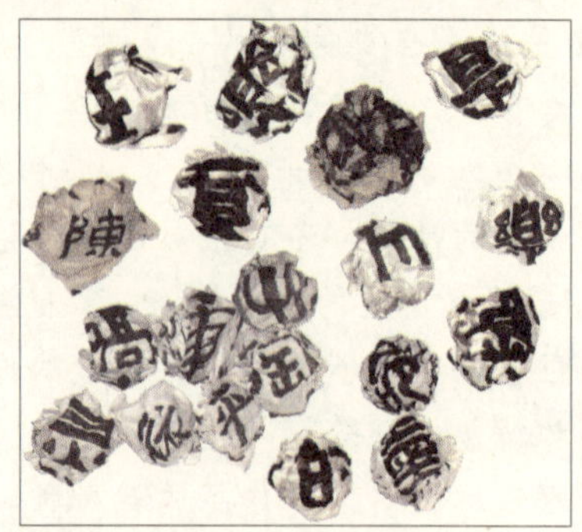

图6—11—5　创作的前奏(五)

图6—11—6　思考书法　　图6—11—7　尝试书法　　图6—11—8　展示书法

图6—11—9　“人性剪纸展”系列海报

回顾设计的历史，最近几十年中，没有任何一场艺术运动像在20世纪50年代末60年代初发生在纽约和伦敦的，后来被称为“波普艺术”的运动那样在一个通俗化的水平上与设计如此无法分割地交织在一起。波普艺术家把大量匿名的、自发的艺术形式转化成一种新的、自觉的设计语言。波普艺术的伦理观积极地鼓励设计师去探索通俗化、粗野的和明快的色彩，使用现有的综合性或者用后便扔的材料。它类似于绘画与实物的混合体，是一种概念与知觉的交融汇合，是平静的纯客观观察与神秘的偶然性体验的综合。希望通过对熟悉和简单东西的利用，来超然地提示出具有细微差别的物体本身和人们所给予关注的符号之间的意义。这是一次革命。波普艺术使平面广告发生了本质上的变化，这个变化也可称为“形象”到“意象”转变的前奏。它使平面设计变得流行、年轻、诙谐、性感而且富有魅力。平面波普艺术中的杰出代表是理查得·汉弥尔。汉弥尔的视觉作品是关于贪婪、消耗、无节制、放纵、广告、性和青年的，他的观察力具有惊人的意义，因为它表现出一系列价值，这些价值是当时很多平面设计师试图忽视或否定的。它还是对存在于消费者的愿望和现实之间的鸿沟的一个讽刺，对消费主义本身的愚蠢的一个玩笑。波普艺术从杂志中抽出来的图像和装配得稀奇古怪的粗制滥造方式，在平面设计中成为反设计开始的流行样式。这在某种意义上来说已经具备了饱满的抒情价值。

到了20世纪70年代后期，首先在建筑领域出现的后现代设计思潮开始影响到其他设计领域。后现代主义表现了对更丰富的、进入社会历史参照系中的视觉合法性精神的设计语言的寻求，并且刺激了对新形式、款式、色彩和对比所带来的冲击的追求。它激励了平面设计一种新的“后国际风格”的产生。到现在为止，“后现代主义”是最接近诗意的一种设计精神：“设计应该是远离工业需求的刻薄的机器主义和具备有广泛可能性与必要性的项目。当你设计了生活的隐喻时，诗意的设计便开始了……”它的目标是将设计移入更大的传播目录、更有意义、更广泛的语言灵活性和对私人及社会生活的更广泛的责任意识。在整个后现代设计思潮中，最引人注目的是意大利的孟菲斯设计小组。前面提到的埃托·索托萨斯就是孟菲斯设计小组的发起人之一。孟菲斯设计小组的后现代设计实践，打破了现代主义理论在设计领域所造成的沉闷气氛。现代主义设计从起初的反传统、反装饰发展到米斯·凡·德洛德“少即多”的原则，逐渐走上了极端的形式主义道路，并最终使设计倾向于极少主义的偏激。这一总体发展方向促成了片面强调形式简单、高度理性化的设计理念的形成。这种一味执著于设计的功能性而忽视设计品中的人情味的设计观念，导致单调、冷漠的设计品充斥市场。然而，随着经济的迅猛发展而带来的人们生活水准的普遍提高，消费者群体结构也发生了巨大的变化。人们对与自身生活环境密切相关的设计品比以往更加重视，消费者已不仅仅要求设计满足简单的生活需要，他们还希望设计品能够体现出个性特点，透露出一种文化品格，连接着过去和未来，反映出时代的氛围。

显然，设计应该注重它的社会性而不仅仅是商业性。现在，发达的电脑科技为杂志、图书馆提供了整个世界的资料，给予平面设计师们整个图像世界和历史风格，它们成为搜索、采纳和重新创造的源泉，但结果又会是怎样呢？我们很难预料。现在更多的设计师声称他们的工作在某个程度上与“艺术”有关。就他们所创造的那些抓住了我们的想象力的形式而使我们欣赏而言，这也是事实。就像Kari Piippo的海报艺术作品，他运用“放弃”的符号，使观者的想象能自由发挥，而同时又能完成其直接交流的任务。他以最简朴的方式来表达自己要表达的东西，几乎无需言语。他把几个特征性的符号和两三种颜色会同在一起，甚至只有黑和白。他为米格林剧院创作的海报显示出，只要主题许可，他的作品可以是快乐，甚至彻头彻尾色情的。

设计涉及的是比人的思想更复杂和更重要的东西。人类已经对自身进行了恰如其分的研究，这些成果也已广为人知。无数事实证明，相比之下，人的思想可能是相对简单的，更为复杂的是人的行为，而人的行为的复杂性又多数来自环境，来自人对更美好的设计的寻找。就如尹定邦老师在其主编的《设计学丛书》中所说：“设计追溯到它的起源，我想，那些生活在远古的先人们，当他们用一块石头砸向另一块石头以便打造出有某种功能的工具时，设计就自然而然地产生了。我的意思是说，设计其实就是人类把自己的意志加在自然界之上，用以创造人类文明的一种广泛的活动。或者更简单来说：设计是一种文明。”

而现在和未来，我们将以诗意的生活方式去创造我们的设计和设计的我们！

【个案三】

探究广告创意的模仿*

林　涛(98级　装潢)

引言

在广告创作中，我们时常会听到“创意撞车”这样的词汇，这到底是什么意思呢？现在我们就以一个真实的例子来回答这个问题。

喜之郎的“水晶之恋”——“泰坦尼克号”篇影视广告为配合电影《泰坦尼克号》在中国上映，作为电影的片头广告播出，并为“水晶之恋”情侣果冻布丁取得了辉煌的市场业绩，一举打响了情侣果冻的品牌知名度。然而，其广告片模仿得彻底而庸俗。甜俗的恋人形象，虚假的布景，整个感觉非常廉价（图6—12)。这就是“创意撞车”，因为广告制作公司的这一行为很明显是有意识的模仿，虽然广告效应好，但圈里圈外各有说辞。这种赤裸裸的创意模仿有理吗？可以吗？应该吗？

图6—12　水晶之恋“泰坦尼克号”篇　　广州平成广告有限公司

文案:水晶之恋,一生不变

---

* 这篇毕业论文虽文笔尚还幼稚，某些用词还可斟酌，但作为老师，笔者喜欢的是她的才思敏捷；作为广告人，为20岁初出茅庐的学子为本土广告的一份关注感到欣慰。

广告创意模仿的概念界定

在讨论“广告创意的模仿”这一概念之前，我们先来讨论一下“模仿”一词的涵义。讨论“模仿”涵义的理由在于：当我们对“模仿”的本质做出概括、抽象的说明之后，我们可以更清楚地分析和理解“广告创意的模仿”，抽象的概念便于理解具体的表现。

“模仿”的一般性涵义在《现代汉语词典》中的解释是：“照着现成的样子学着做。也作摹仿。”心理学上对“模仿”（Imitate）的解释是：“在没有外界控制的条件下，个体受他人影响而仿效其言行，并使自己的言行与之相同或相似的过程。”

苏联社会心理学家安德烈耶娃在其《社会心理学》一书中指出：模仿有几种不同的形式——逻辑模仿和非逻辑模仿，内部模仿和外部模仿，时髦模仿和习惯模仿。但模仿的最通常的分类是：无意识模仿和有意识模仿，二者是可以相互转化的。

无意识模仿：不考虑行为的原因和意义，在不知不觉中仿照别人的样子。可能是瞬间的动作，也可能是长期的行为。

有意识模仿：自觉地仿照他人的样子进行活动。模仿者了解行为的意义，并经过一定的思考，模仿是有目的去进行的。

根据上述“模仿”的涵义，可将广告创意的模仿界定为：广告创意人员有意识、无意识地仿照已有广告作品来进行广告创意（包括创意的表现）活动的行为和过程。有意识的广告创意模仿较多地被指责为“庸俗”、“无耻”的抄袭；无意识的广告创意模仿则可能被解释为“创意的撞车”。

根据广告创意（包括创意的表现）的不同模仿程度和模仿特征，可将广告创意的模仿分为三类：传播符号（视、听元素）的模仿；情境（场景）的模仿；情节的模仿（以影视、广播广告为主）。

1. 传播符号（视、听元素）的模仿。指创意中使用被模仿广告作品中的某些传播符号及其组合、构成方式，并使之成为自身广告作品诉求信息载体的模仿形式。其特点在于，被模仿的传播符号大多十分简单而有强大的冲击力，能给受众强烈的印象刺激。例如 MTV电视频道的平面广告作品：一个男人的头发被剃光只剩MTV三个字母；酷必得的平面广告同样也是用男人的头，只不过是在头上剪出“8d”两个字（图6—13—1）；麦肯光明广告有限公司的两幅公益广告作品中也使用了男人的头，在其上做出了条形码和商标注册符号（图6—13—2）。这种传播符号的模仿，还包括在影视广告中出现的鸽子、柔顺的长发、女人的肌体等等。典型的例子是：在很多平面及电视广告作品中都使用“茶”来表达“轻松”、“舒适”、“休闲”的概念，用身着学位服饰的男女青年向空中抛学位证书来表达“喜悦”的概念（这两个例子在电视广告中几乎随处可见）。

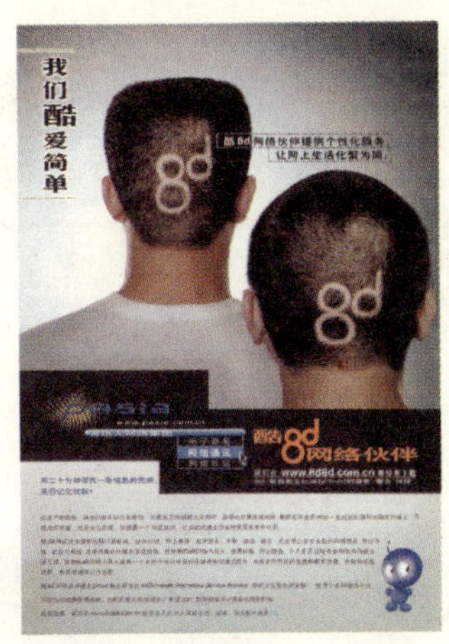

图6—13—1 简单篇 灵智大洋广告有限公司(北京)

文案:我们酷爱简单

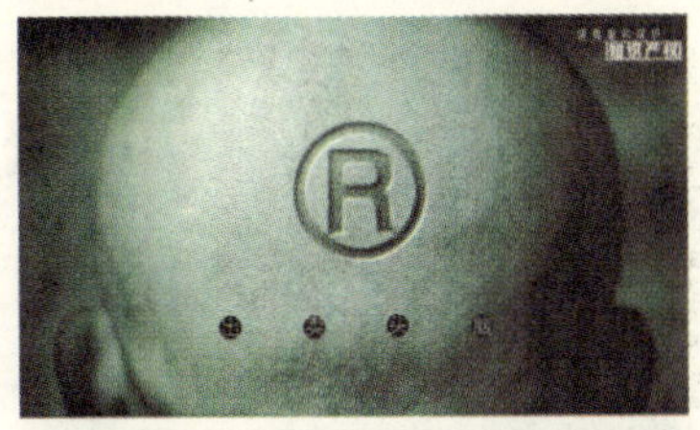

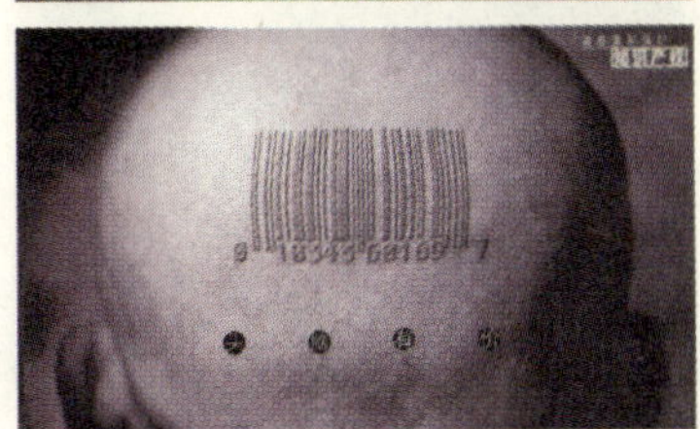

图6—13—2 头脑“注册”篇 麦肯光明广告有限公司(北京)

文案:头脑有价

2．情境（场景）的模仿。指以被模仿广告创意的特殊情境（场景、人物动作、状态、谈话语气等）为蓝本，设置出相同或相似的人物关系、动作、状态、谈话方式等情境。其特点在于：模仿者不是模仿原作的具体传播符号，而是模仿其特有的一种信息表达方式。如网站上一群精子（鼠标）游向一个卵子，一个平面上很多相同的物体排列中有惟一一个不同的物体，以突出信息的这种特殊构图、画面情境（也包括听觉情境）。电视广告情境的模仿如：“欧典”地板、“严迪”、“金嗓子喉宝”等的专家推荐情境；众多牙膏品牌的医学口腔专家的比较实验情境；众多洗发水广告的美女在T形台上甩、撩头发的情境等。

3．情节的模仿。主要指的是影视广告创意的模仿。开篇提及的广州平成广告有限公司模仿电影《泰坦尼克号》的情节和标志性镜头制作的喜之郎“水晶之恋”广告便是一个典型的例子。顾名思义，情节的模仿是指模仿原作的故事情节来传达新的诉求信息。其特点主要表现在对原作故事情节的完全模仿和对内容、表现的重新诠释。二者近似于电影中《罗米欧与朱丽叶》、《阿里巴巴与四十大盗》的原创与现代版电影的关系。经典的例子有：香港导演徐佩侃拍摄的“铁达时”手表——周润发、吴倩莲“不在乎天长地久，但在乎曾经拥有”广告与刘德华、吴倩莲主演的电影《天若有情——烽火佳人》之间的情节模仿（究竟是电影模仿广告还是广告模仿电影，笔者未能找到相关资料确认）；由广州蓝色火焰广告有限公司为创维电视制作的“新一代、新选择”影视广告片中的郑伊键、章子怡篇，模仿张艺谋电影《我的父亲母亲》（图6—14）。

图6—14 形象篇

文案：新一代，新选择

上述分类可能并不是十分合理，分类的目的只是要更清楚地说明广告创意的模仿这一概念的具体涵义。

为广告创意的模仿正名

许多模仿的广告作品或被指责为“抄袭”或自我解释为“创意的撞车”（当然，我们不否认有这种情况的存在，这不在我们的讨论范围内），似乎都有意回避“模仿”这一概念。而一般的大众媒介对广告创意模仿的批评极其严厉。

为了说明广告创意模仿的实质特征和合理性，笔者打算再次从社会心理学的角度来探讨模仿本身的特性。

有关人类模仿行为的研究最早是在艺术领域开始的。2000多年以前，古希腊哲学家亚里士多德在《诗学》中写到：“模仿是人类的一种自然倾向，人之所以异于禽兽，就是因为善于模仿，他们最初的知识就是从模仿中得到的。每个人都天然地从模仿的东西中得到快慰……”达尔文认为，模仿不仅是人的本能，也是大多数高等动物的本能。

沿袭亚里士多德和达尔文的模仿“本能论”，G.塔尔德对模仿进行了深刻的研究。G.塔尔德在其名著《模仿律》中指出：模仿是社会发展和存在的基本原则，社会角色和行为的掌握是由于模仿他人的角色言行而获得的。模仿在人们的个体化中起到了重要作用。模仿是社会进步的根源，这种进步主要表现在两个方面： 一方面是个人的创造，即发明； 另一方面是社会的同化，即模仿。在社会生活中，发明不断涌现，而模仿则使个体进入社会结构之中。

米勒·多拉德和班杜拉通过实验，认为模仿是从社会学习得来的，而非本能。

无论这两派的观点如何，他们都对模仿的社会意义作出了相同的评价： 模仿本身及其结果产生了群体的规范和价值，它也同时刺激了创造发明。

现代大众传播工具，特别是电影、电视、广播在现代人生活中占有越来越重要的地位，它们为人们提供了众多的模仿对象。日本民族是一个最能模仿的民族，他们甚至以此为荣。2000年在国内市场上火热的跳舞毯，就是模仿电子游戏手柄的游戏原理而来的而都市冲浪车则来源于旱冰鞋和滑板车。同样是滑板车，在电影《东京攻略》中通过梁朝伟，可以再次看到了模仿的魅力：给滑板车装上电动装置，使其成为电动滑板车。

上述观点论述了模仿的合理性，按理作为模仿的具体形式之一——广告创意的模仿应该是理所当然的。但我们所认同的模仿，前提是设计者本身持有原创的观点。

然而，我们还是遇到了一个看似矛盾对立的难题： 广告创意是一种最能体现人的创造性的工作，它能与模仿并行不悖吗？其实，最大胆、最出乎预料的创意，其视听觉元素、材质、行为、动作、状态、情境都来源于现有物质世界的某个片断，是对物质世界的模仿——之所以出乎预料更是因为其中的内容是大家所熟悉的。

为了更进一步说明广告创意模仿的合理性，下面从广告策略的角度来说明这一问题。

开篇引述的有关喜之郎情侣果冻“水晶之恋”电视广告模仿电影《泰坦尼克号》的例子可能特殊一些，但它也能说明上述论点。因为广告的创意核心点不在于广告片本身对《泰坦尼克号》情节的模仿和再创造，而在于在《泰坦尼克号》放映前，用几十秒的时间将“水晶之恋”果冻布丁烙上了“泰坦尼克号”式伟大爱情见证的印记，而模仿的广告片，只是这一创意的媒质而已。至于是否有更好的创意表现“水晶之恋”与《泰坦尼克号》的连接点这一问题，我们以为同样不会否定创意模仿的合理性。

前文曾提到过香港导演徐佩侃的“铁达时”手表电视广告和杜其峰导演的电影《天若有情——烽火佳人》。这两支片子显然是存在模仿的，然而在这里模仿却丝毫没有受到“无耻”抄袭的道德责难（不管到底谁模仿谁）。“铁达时”手表的广告语“不在乎天长地久，但在乎曾经拥有”与广告片本身一起引起巨大社会反响。作为一支未在内地播放过的广告片，其魅力“跨越时空”地征服了内地青年，“不在乎天长地久，但在乎曾经拥有”被《新周刊》评为老百姓嘴边的

"十一条"广告语之一。《天若有情——烽火佳人》当年上映时，也反映强烈。这两支影片中的故事情节是模仿的，有创意的话就在于女主角都是由吴倩莲扮演的。这个例子足以说明创意的模仿完全是可以成功的。

我们是否可以这样认为：当广告创意的模仿在基础策略的考虑前提下（而不仅仅是表现上的考虑）实现了与自身诉求信息的结合之后，就可以完全摆脱原有广告的影响，消除原有广告对消费者"先入为主"的正统意识影响，甚至模糊其判断，使其弄不清谁是模仿者，谁是被模仿者。从而成为具有原创作品那样的新奇感、冲击力、感染力的广告呢？上述例子似乎可以做出肯定的回答。类似的例子如：大量使用中国文字的特殊结构创作的广告；TBWA公司制作的绝对伏特加(Absolut Vodka)"瓶子"形状主题广告和百事可乐、可口可乐公司的玻璃可乐瓶子形状主题的广告。人们很难分清谁在模仿谁。

广告创意模仿的问题

广告创意模仿有其合理性，但像这个世界大多数情况一样，合情合理的东西却未必能发挥其应有的用处，体现其全部价值。在我们的研究分析案例中，事实上只有极少数的创意模仿取得成功，或者说在少数品牌的部分发展阶段取得了效果。而更多的模仿则被忽略、误解或责难。造成以上不利局面有如下原因，这些原因也恰好是广告创意模仿的问题：纯粹出自广告表现需要的恶劣模仿；模仿的创意表现水平太差；模仿过于相似造成误解。

1．纯粹出自广告表现需要的恶劣模仿。这种模仿完全依靠创意本身的魅力，创意与产品的重新组合没有给受众提供崭新的、不同于以往的诉求。在这种情况下，创意的衰减和对原有广告的认知、理解行为会使模仿广告毫无是处。这方面的例子比比皆是。如由广州蓝色火焰广告有限公司为创维电视制作的郑伊健、章子怡篇，模仿张艺谋电影《我的父亲母亲》，由于客观上只实现了表现的需要，而导致该片收效甚微。

2．模仿的创意表现水平太差。这一点主要是与原作相比较而言，如果模仿作品在表现上与原作的格调水准相差较大，就很容易引起受众对其产生"恶劣的模仿者"、"假冒伪劣"之感。比如模仿台湾"中华汽车"广告的几支广告片，最大的失败原因恐怕还在于其表现水准太粗糙，与"中华汽车"的广告作品差距太大。另外，广州还有几个导演曾模仿徐佩侃为某服装品牌作的广告片（王蒙曾在《读书》上发文批判这支广告片有殖民意识），在一次观摩课上，同学们对模仿作品发出了一致的嘘声。

3．模仿过于相似造成误解。双胞胎总是让陌生人难于区分，但面目相同的广告则不会像双胞胎那样幸运地获得大众的兴趣和注意。

最后，用我的毕业设计作品来对这个观点做再一次的论证。主题是生活红绿灯，一系列四张公益性广告，以交通符号与时下一些社会话题相结合，围绕儿童肥胖的烦恼、青年思想的困扰、少女成长的心态，以及对青年献血行为的倡导等四个方面的问题来进行设计（图6—15—1~图6—15—4）。当然，交通符号已经

图6—15—1　限宽篇

文案:每一次的限宽,是为了别人对你的认同——营养均衡,健康无价!

图6—15—2　徘徊篇

文案:每一次的徘徊,是另一次更有价值的选择——关心成长,理解无价!

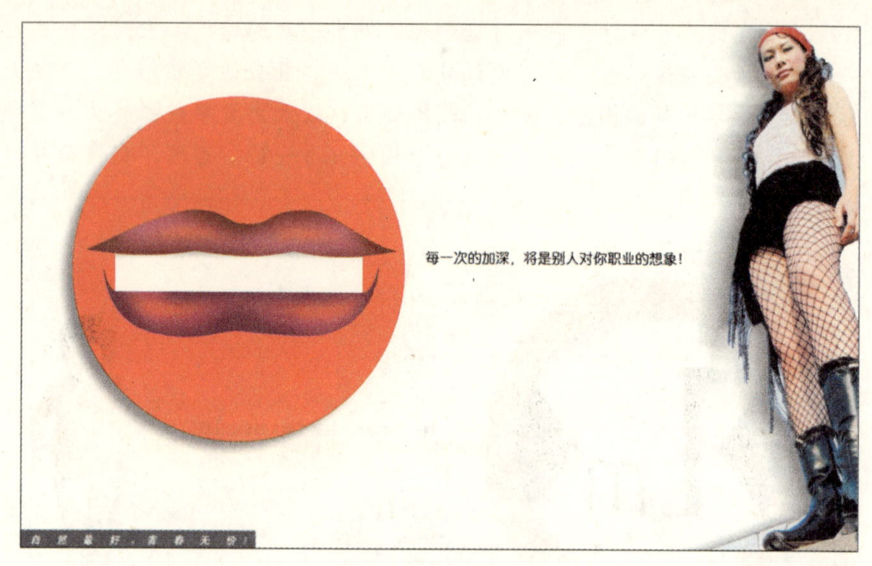

图6—15—3　加深篇

文案：每一次的加深，将是别人对你职业的想象——自然最好，青春无价！

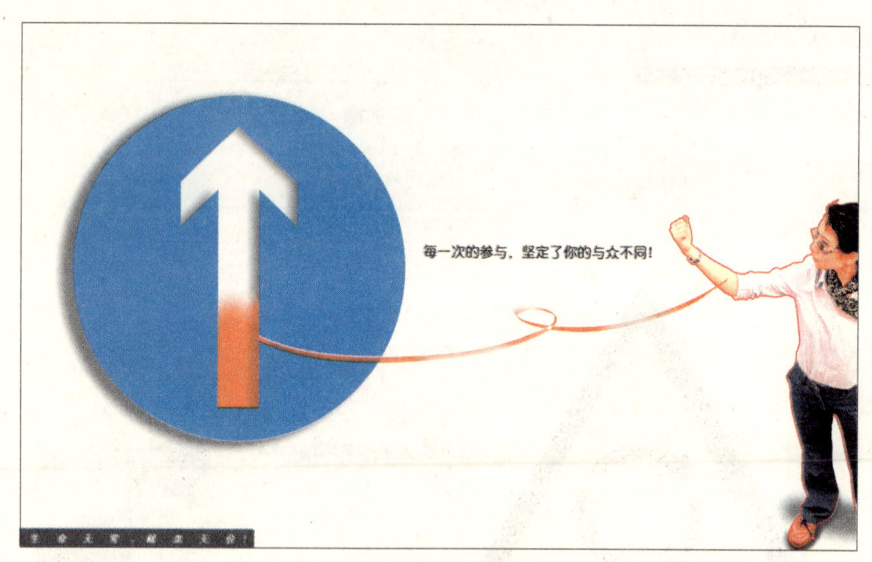

图6—15—4　献血篇

文案：每一次的参与，坚定了你的与众不同——生命无常，献血无价！

不是一个很新颖的元素了，但是旧元素如何结合新主题来再次发挥它的魅力呢？

第一，主题的原创性。红绿灯一般是指在交通环境中对交通行为有指示和警示作用的工具。红灯——禁止，黄灯——警告，绿灯——通行，这些人所共知的象征意义，运用在生活中，是一种新的提法，也会起到相同的作用：哪些事可以做，哪些事要注意，哪些事要停止。

第二，特定符号。作品中使用的交通符号都相应地做了修改，这使符号更具有特定性。如加深篇中的停止符号，修改成一个红唇形状来加深主题。

在结束本文之前，还要指出一点：本文所以探讨广告创意的模仿，目的不是提倡模仿，而是为中国广告业进入创意个性成熟化阶段提供一种有益的思考。“通常只有在没有其他方法掌握新的行为动作的条件下，成年人的模仿才会起作用。”

广告更需创意而非模仿。

【个案四】

视觉符号的观念转换

戴秀珍(98级　装潢)

如何打破一种视觉符号在人们心中形成的心理定式
然后赋予它全新的涵义，并使它更好地为主题服务
这是我通过这一系列设计尝试去探讨并试图找到答案的问题

引子

如今，我们身处的是一个飞速发展的信息时代，流行和时尚的快速翻新，庞大信息量的迅速传输，无时无刻不在刷新着人们对世界和自身的认知。每日多不胜数的信息以惊人的速度膨胀着，尤其是视觉信息。据某媒体报道，由于现在信息的过量，人在现有的条件下无法消化过多的信息，许多现代人已患上了“信息痴呆症”，即对任何信息都无法提起兴趣，精神萎靡，感觉迟钝，并直接影响到心理和生理的健康状况。迅速泛滥的视觉信息使得人类个体的感知机制已无法对每个图像加以思考分析，而只能够接受视觉的引导，以直观的读图方式完成对图像的快餐式消费。虽然现代社会的发展更倾向于个性化而非趋同性，每个人的喜好亦各有不同，人们可以按各自意愿对大量视觉信息作主动的个性化的选择和诠释，但简洁凝练的表达和内涵新颖的视觉符号无疑最能抢夺受众的眼球，满足他们求新的心理，并引发他们的思考。

关于迷彩

迷彩最早应该是由于军事的需要而诞生的，为了迷惑敌人的目力侦察，并对付红外侦察，使敌人现代化的侦视仪器难以捕捉目标，人们在军事用品上运用了数种其反射光波与周围景物反射的光波大致相同的颜色组成的不规则图案作为一种新式的保护色，这就是迷彩（图6—16）。因而，迷彩是一种诱惑，是一种伪装，是一种保护。斑驳的树影，隐秘的丛林，泥泞的沼泽，荒漠与黄土地，都能使人联想到迷彩。这种来源于自然的伪装色彩，出没于危机四伏的荆棘丛林，受过硝烟激越的洗礼，曾经承载了无数战争的回忆，有胜利的激动与荣耀，而更多的是痛苦和哀伤。久而久之，这种特定的图形符号在人们的心目中形成伪装、保护、隐匿、粗犷或类似的感觉。这些感觉是相对固定的，但却不是不可改变的。在和平年代成长起来的新一代，就凭着新的创新思维和自己的智慧，借助商业和潮流的力量，把它转变成了一种流行的图形样式，运用于各种服装、饰物和生活

图6—16 迷彩色

用品，突出其自然、硬朗和自由粗犷的感觉，改写了迷彩单纯用于军事的保护概念。这是对迷彩传统概念的一种转换。然而，要将这些强烈的视觉符号用于设计，还必须将它的观念再度转换，赋予它不同的涵义。只有这样，才能将迷彩转化成一种真正意义上的文化符号，并且通过这种符号在更高层次的平台上为人类社会生活创造价值。

关于观念的转换

也许每个人都曾经有这种体验，即看到一种自己熟悉的事物，大脑会在一瞬间出现表面上与该事物毫不相干的另外一种事物的形象。这些事物的外观表象特征也许毫无相像之处，但深入分析起来，它们其实是有某种深层的非线性的内在联系的。这种大脑中一闪而过的跳跃性思维在个人生活经验中并不少见，而且由于各人生活和思想经历的差异，各自大脑凭借以往自身经验的指导，对图像各种不同的特征进行响应的方式也不甚相同。通常人们不会有意将这些瞬间观念捕捉下来；而作为设计师，我们应该充分利用自己敏锐的视觉、触觉，注意到这种跳跃性思维引发的深层联想，并把这种观念的转化方式固化下来，作为一种创意的途径加以利用，其结果往往会使创作的作品具有更强的视觉冲击力和观念震撼力，并使设计在一个大众的审美基础准则中发挥最大的作用。

关于设计的过程

先明确设计的主题，再选择适合表现的元素，是设计中的常规操作。然而，这次设计我却尝试先选定了一种感兴趣的视觉元素——迷彩，然后再思考如何将它与主题结合。这种先从视觉形式入手的方式未免会有轻视主题之嫌，但其实不然，它只是逆反思维在设计中的一次实践。这种实践的基础在于对图形符号的涵义概念的分析以及对其观念转化的可能性的把握和思考。

其实这种思路与胡川妮教授所提及的“一个概念的放射性思维”的创意模式有着密切联系，也是这几年在这种教与学的模式下摸索出的一种新的思维方式。放射性思维搭构的是既有逻辑思维（可操作性）又能产生突破（实现意料之外）的链条方式（即：从中心概念出发，通过设定的不同路线开发出各类元素，从中寻找创意闪光点，经过几个点的“非”合理组合，发展出不同常规的创意构思）；而我尝试先从某个点出发，发掘它各种不同的转化因素，再与不同的主题契合。这种方式需要生活中的不断积累。当接触到某个视觉元素或符号，并产生兴趣时，作为一个创意人员，你就不能仅停留在兴趣上，而应该去了解它的来龙去脉，了解它使你产生兴趣的特征背后有什么意义，从而考虑假使它与不同的事物碰撞会产生什么样的结果，可以怎样转化它的观念……基于每个人的思维的相异性，思考所产生的结果必定不同。这样从一个点开始发散思维，有一定积累后就会发现，这些点的某些分支会有连接或重叠的可能性，有了这样的网络，当你再需要寻找创意灵感的时候，灵感便可如泉涌，因为每样事物都有触发你灵感的可能性。就如有了地底深层水资源的渗透积蓄，一旦你找到一个泉眼，泉水就会不断涌出，而且这个泉眼是属于你自己的，与别人的都不一样。

当我发现自己对迷彩这种极富个性特征的视觉元素发生了兴趣，并迷恋于它在历史的沉淀和人们的经验中积聚的那种深沉的力量时，我便开始思考怎样使用这种充满力量和人文涵义的视觉符号，将它与我的设计结合起来。于是，我先尝试将它在传统中作为战争象征的概念转换为一种对和平的渴求，在这个尝试中，我的第一套迷彩海报作品便诞生了。

关于作品

（一）迷彩与反战

战争总是残酷的。引发战争的众多因素中有许多历史问题，因而在面对战争的复杂性时，我们难以简单地说出错或对。虽然在经济高速发展的现代，大规模的战争已经很少，但是许多不稳定因素依然潜伏在人类社会和平的表征下。在中东和一些经济相对落后的国家和地区，许多人民仍然在以生命的代价换取民族的独立自由。面对一些战争中的激越行为，我们难以完全抛开一切感情因素去作评判，我们惟一清楚的是我们反对战争，我们要争取以和平的手段和方式去解决存在于人类社会中的深层问题。我们所倡导的是一种真正的人文关怀。

作为设计师，自己的设计作品便是我们最有力的武器。我选择了迷彩这种战争中特殊的元素作为主要的视觉元素，创作了系列的反战海报。然而，迷彩在许多人眼中，仍然烙着伤痛的记忆，我们只能转化它而不可能完全抹去大众心里的观念。设计作为一种与人沟通的媒介而非单纯的信息传播媒介，需要一种相对的大众共识作为基础，然后再加入设计师的个人思考，这样出来的作品才有可能引起共鸣，才有打动人的希望。

然而如何让迷彩成为反对战争的元素，成为和平的象征？它作为一种单纯的视觉元素是不足以去表达某个特定的主题的，它所具备的只是可能性。所以，我选择了一系列具体的形象——纯洁的鸽子、人类的头骨和赤裸的婴孩（塑胶娃娃）去承载迷彩这种抽象符号的特殊涵义。于是一种全新的视觉形象出现了，迷彩的和平鸽，迷彩的骷髅头骨，迷彩的婴孩，迷彩已经彻底改变了这些具体事物的固有形象，从而成功地赋予了它们新的意义，使视觉符号顺利完成了观念的转换。受伤害的和平的使者，被战争侵蚀的人类与家园，被剥夺了生存权利的人类未来的希望，都令人触目惊心，战争的残酷性昭然若揭，也就带出了反战的主题（图6—17）。

装置艺术的手法和呐喊式的语言简洁而有力度，传达出对战争的控诉和对和

图6—17　反战系列

文案：还我本色、还我家园、还我未来

平的渴求。“还我本色”、“还我家园”、“还我未来”正是那些无辜受害者心底滴血的呐喊。人类社会要持续发展，人类就必须有更大的决心和勇气去制止战争的延续，还和平的使者纯洁的色彩，保护人类未来的希望不受伤害，珍惜每一个来之不易的生命。

（二）迷彩与流行

除了表达战争与和平，迷彩是否还可以用于传达完全不同的主题？答案是肯定的。例如我们可以将它与商业联系在一起，表达一种完全不同的观念，让它扮演一种完全不同的角色。

现代商业凝聚了许多人的智慧，人们的欲望不断滋长着，人类个体的个性不断被强化，然而潮流一旦成为大众潮流，个性也就随之磨灭，这就是所谓的水可载舟，亦可覆舟。

这次，我选择与迷彩结合的元素虽然也是具体的形象——可乐、牛仔裤、高跟鞋和高层建筑群（图6—18），但与先前不同的是，这些具体的形象在人们长期的生活之中已经逐渐演化成为某种经典符号，成为流行与个性的象征。可乐、牛仔裤、高跟鞋……这些曾经甚至现在都令追求时尚的一族趋之若鹜的商品，已经超出了商品的意义，它们承载着一代又一代人的青春梦想，它们的演变发展从某种程度上也反映了人类社会的发展。当这些经典的流行符号被置于精致的迷彩画框之中时，它的大众化意义也被同时框定下来，这时自然与人工的抗衡、个性与大

图6—18　个性系列(草图)

众文化的矛盾、商业与艺术的冲突都被彰显出来，从而引导观者去思考。

其实商业也是一场战争，一场充斥着梦想和欲望的战争。在这个系列的作品中，我通过视觉符号将商战与真正意义上的战争并置在一起，并通过这种并置形成观念的转换。这种转换加强了整个设计的戏剧性效果，也加强了视觉的张力和信息传达的力度，便于观者的记忆。

（三）迷彩与环保

环保其实是人类努力弥补自己的过失并为自己创造幸福的一项事业，艰难却又必要。如今，人类生存环境的不断恶化已使人类本身明显地感受到生存的危机，环保意识已开始逐步被推广和接受。环保已不仅仅是个热门话题，更是一种实际行动。然而具有环保意识的人们的数字与全球人口数值相比还有很大的一段距离。

环保组织的成立是改善人类生存环境的一个重要途径，虽然他们的力量还不足以扭转整个恶劣的局面，但他们的努力渐见成效。国际上就有这样一个成立于1971年的环境保护民间组织——国际绿色和平组织，他们作为非政府组织的一员，至今仍活跃在世界环保舞台上。这一群驾驶着小艇的人，经常会勇敢地去阻挡通常是庞然大物的轮船去破坏自然环境。他们常以勇敢和冒险的行为阻止全球范围的原子爆炸实验，为在全球范围内取缔商业捕鲸和所谓的科研捕鲸不懈努力，并利用“公众舆论”这个有利武器呼吁人们反对污染、保护环境，敦促有关国家或企业采取控制污染的措施，为环境保护做出了很大的贡献。我为他们的行动而感动，因此，我也希望用我的设计作为武器，为支持国际绿色和平组织的事业贡献微薄的力量——设计了两组环保主题海报。

在这两组作品中，我依然选择迷彩作为主要的视觉元素，它继续了关于观念转换的实践。但这次，我选择了更为简洁和抽象的图形符号作为与迷彩相结合的元素，而非具体的视觉形象或经典的具像符号，一个是“十”字形（图6—19—1），一个是“SOS”（国际通用的求救信号）（图6—19—2）。

“十”字形作为图形符号在不同的文化背景下有着不同的涵义。无论是虔诚教徒胸前的十字架，国际医疗救援组织的红十字标识，还是长眠者坟上的墓碑，都与这个图形符号有某种内在的联系。当迷彩图形与十字符号结合在一起时，这两种彼此极具个性的符号会碰撞出新的涵义。为了给这种新的涵义一个更清晰的引导，我还使用了“手”这个视觉图形，人类在生存环境问题上的破与立都必须通过双手去实现。破坏自然环境等于自掘坟墓，只有将环保当作一种坚定的信念，人类的生存环境才有望改善。“我们要树立的不是一座墓碑，而是一种绿色信仰”，在此，“迷彩来源于自然，应该回复其自然本色”的概念通过与这两种

图6—19—1　绿色信仰

文案：我们要树立的不是一座墓碑，而是一种绿色信仰

图形符号的结合得到了很好的体现，突出了保护自然环境的主题。

另一组作品是将迷彩的自我保护概念转化为环境保护的概念。三张作品相对独立又可连成系列。从单张作品来看，双手以不同姿势所形成的图形符号传达了不同的感觉——平衡、保护和沟通，而当它们结合在一起的时候，则构成了“SOS”的求救信号。乍一看是对人们的一种警示，一种呼吁；再细看，每一张都用图形不同的象征向你阐述了拯救自然环境的途径（保持生态平衡，加强环保意识，沟通人与自然）及保护自然环境所带来的结果（持续的发展，良性的竞争及世界的和平）。于是“求救”与“拯救”这组相对的概念就被巧妙地统一在一组作品里。然而，单靠双手的图形，人们很难将其与环保的主题联系起来，而单纯依靠迷彩图形则图形的意义所指不明确，也不能传达出具体的深层涵义，只有通过两者相互融合后产生的新的视觉符号才能有效地传达拯

有平衡，发展才会不断

有保护，竞争才有胜数

有沟通，和平才有希望

图6—19—2　拯救

救自然这一主题。这是迷彩视觉图形概念的又一种转换方式的运用，即与其他概括性图形符号的个性概念相结合，从而产生新的视觉符号和观念。

关于延伸

其实，按照这种视觉符号观念转换的思维方法，就迷彩这种图形符号来说，其观念的转换的可能性还有很多可发掘，它可以表达的主题绝不仅仅局限于战争、流行或环保。这里所提到的只是我对自己的初始尝试的一个小结，这种探索和实践也还需要不断延伸和发展。同样的方法可以运用在其他不同的视觉元素上，从而创造出更多新的视觉符号，为设计开发出更多新资源，也为创意思维开创一种有效的思维模式。至于如何去延续和发展这种有延伸性的思维模式，将是下一步要做的工作了。

第七章

当今国际杰出广告人的建议

第一节 《如何做创意》摘录

给学生一个正确的指引（包括观念、创意方法、表现手段等），是广告设计课程的重要内容。龙媒广告选书《如何做创意》推荐了13位美国杰出的广告人，其中一位文案出身、成长于两家顶级广告公司的创意总监泰德·贝尔（他认为在广告行业有两种人，一种是“得其要领”者，一种是“不得要领”者）和另一位从美术成长起来的创意总监，被同行称作“14世纪最伟大的天才在20世纪”的罗伊·格雷斯（他建议年轻人不应该只为高技术的20世纪或21世纪做准备，还有许多东西要学）最有代表性。通过学习所选的几位大师们的成长经历、重要建议，能营造出一种氛围，使学习的目的更明确，方法更正确，心态更平稳。

一、泰德·贝尔[①]

（一）广告目的以及重要建议

在我们来关注如何制作一个广告提案前，必须先搞清一个概念，那就是

① 摘自劳伦斯·明斯基，埃米莉·桑顿·卡尔沃采访并整理：《如何做创意》，17～45页，北京，企业管理出版社，2000。

广告应该做什么。贝尔认为广告的目的不是炫耀你有多么机智，多么聪明，而是用能引起受众注意、合情合理而且能够帮助销售的方式传播产品或服务所具有的优点，给受众一个消费理由。

那么什么样的作品能引起受众的注意呢？贝尔提起了一则给他极深印象的广告。广告所呈现的是两个窗口。通过其中一个窗口看到的，是从云层上俯看到的云朵。云朵下面是一行字："花599美元所看到的景色！"另外一个窗口所呈现的是连绵的小山和落日映照下的小村庄。窗子下面是一行字："花79美元所看到的景色。"广告底下只有"Amtrak（全美铁路客运公司）"的字样和几句正文。

"可以从这则广告中看出作者对广告的理解，"他说，"很明显，比起乘飞机，坐火车旅行既省钱，又可看到更美的风景。这则广告以简练、机敏、睿智的信息向消费者展示了乘火车的利益。所以我雇用了那个作者。他现在掌管我们的东京的分公司。他属于那类'得其要领'者。"

换句话说，他提出了一个新的创意概念，一个看待老问题的新方式。"创造惊奇和新鲜感就是创意的诀窍，"贝尔说，"你必须在情感上吸引人。必须为他们提供信息，并使他们以一种新的方式看待你所说的东西。"

那么，有了这些基本概念——许多有经验的创意人员已无需刻意牢记的基本概念，你下一步该做什么呢？这里是一些建议：

摆脱程式

有些学校和广告书籍建议一部应聘作品集应包含三个作品——一个包装产品广告，一个耐用消费品广告，另一个是某种服务的广告。贝尔对此不以为然，"我坚信，如果你懂广告，什么产品你都可以做。没有包装产品广告专家，没有汽车广告专家。真正的高手可以为任何产品做广告，而且希望尝试任何产品的广告。"

一个真正的艺术指导对火柴盒上的广告和《生活》杂志上的双跨页广告同样看重。

掌握基本知识

你的应聘作品应该显示出你能以广告的思维方式去思考——使你了解广告到底是怎么回事。一所好的学校可以帮你学到这些。"上学是一个学习广告基础的捷径。"贝尔说，"如果当初我找工作时，知道有这类学校，我也许会上。"李奥贝纳广告公司主要录用亚特兰大的策划中心（The Portfolio Center）、洛杉矶的艺术中心（The Art Center）、奥斯汀的得克萨斯大学

(The University of Texas) 和纽约的视觉艺术学校 (The School of Visual Arts) 的毕业生。贝尔认为这些学校的课程设置很不错。

阅读年鉴

这是学习广告基础的又一途径。“没有在学校中接受过广告完稿训练的新手仍有成功的机会。”贝尔说，“一个好创意，即使只是用铅笔草草画在8×10的记事本上，依然是好创意。”贝尔建议找出年鉴中你认为优秀的广告，寻找它们之间的共同之处。贝尔说，“尽量找出使广告具有新鲜感受的地方。”

记录有趣的画片和点子

“如果我在看电影时发现有趣的情节，或是在街道碰到有意思的事，我就记录下来。就像作家听到有趣的对话就马上记下来一样，”贝尔说，“你并不知道要把它用到什么地方。但不知什么时候，你可能就会在某本小说中读到那段对话。你会惊奇地发现，许多伟大的广告创意最初都是写在某个鸡尾酒会的餐巾上的。事实上，我想说，鸡尾酒会上的餐巾也是广告这个行当的必备工具之一。”

注重点子

“如果文案人员能写很好的广告正文，当然是件好事。但我必须先看到一个优秀的标题概念。如果一个文案人员的艺术感觉差一些，我不会太在意。即使他拿着一则写在卫生纸上的广告来见我，只要有个漂亮的标题，我能看懂，我对他也会认可。我就是这么在乎一个好的标题。”至于艺术指导，贝尔说，“如果一个艺术指导的艺术感差，我当然会介意。一个真正好的创意人员应该是写作能力和视觉表现能力兼备的。好的文案人员应该有很强的视觉感受力，而好的艺术指导，应该有很强的文字概括能力。”

修改现成的广告

在伦敦的时候，贝尔学会了通过修改报纸、杂志上的广告训练创作。“找些广告，撕下来，贴在墙上，看看你是否能够做更进一步的修改。”贝尔建议说，“这种训练使我开始学会如何创作优秀作品，那是我做出自己的应聘作品集的基础。”

抓住第一感

贝尔认为头脑中最初闪现的灵感是最有价值的。“许多人都会告诉你，他们的最终成品恰恰来自他们的最初灵感。你花费了一周又一周的时间去寻求一个更好的创意，但实际上你什么也没做。当我问‘工作进展如何’时，每次的回答总是：‘我正在做。’我一点也不奇怪。我们在DDB有一个叫做‘闪电创意’(Blitzkrieg Advertising)的游戏。一个人说一个产品名，另一个马上脱口说出他头脑中闪现的第一个广告语。我们经常做这个游戏。它很有帮助。”

从印刷广告开始

在李奥贝纳和DDB这种广告公司，新手多从印刷广告做起，经过很长一段时间才开始创作电视广告。但如今已不是这样了——而贝尔认为这不对。“创作印刷广告，使你的创意可以凝聚在纸上，”贝尔说，“这样你可以得到训练。而做电视广告时，你要考虑的很多，有可能忽略某个微弱的创意火花。”

应聘作品集中不要放广播广告

“没人花时间看你的广播文案，”贝尔说，“至少我不看。创意指导看的是你的点子和你看待问题的方式。一个有力的标题，一个画面，一小段文字——几个新鲜的、优秀的创意概念——这就能让你顺利通过面试。”

忘掉调研结果

在进行创作时，很难评估相关的调研起多大作用。初学者应从产品出发考虑，创作出好的广告。“调研在那则Amtrak的广告中又起了多大作用呢?”贝尔问，“所有人都知道乘飞机远比坐火车贵，也都知道在飞机上看到的是白云，而在火车上可以看风景。作者根本不需要什么调研。他所需的就是一种常识和一个有独创性的视角。”

小组作业

贝尔面试文案人员时注重创意和广告标题，面试艺术指导时注重艺术感觉和创意构思。为了取二者之长，贝尔建议小组作业。“如果你自己是个文案人员，就找一个艺术指导做搭档。”他说，“找一个文笔同你一样好的艺术指导。优秀的艺术指导文字概括能力同样会很优秀。他们知道如何撰写他们的广告标题，同时拿出他们自己的创意。优秀的文案人员也应该具有良好的视觉感受力。在理想状态下，这种做法从来不会带来矛盾。”

不要丢掉品味

“我认为广告这个行当在很大程度上与品味和知识息息相关。”贝尔说，“它是对适度和风格的感觉，是对事情应该如何呈现的感觉。有好看的广告，也有难看的广告。判断不清时，选择好看的。”

逆潮流而动

同艺术指导赫尔穆特·克朗（Helmut Krone），伯尔特·斯坦豪瑟（Bert Steinhauser），查理·皮奇里洛（Charlie Piccirillo）的合作，使贝尔受益匪浅。贝尔说，其中一个经验就是，“当所有人都大喊大叫的时候，你轻声细语。当所有人都奔跑时，你悠然漫步。做那些与时下大家都认为是正确事的相反事。人们都在谈论广告中的时尚。我不在乎什么是时尚，只在乎如何去避免陷入其中。时尚是人家已经做了的事，而我想创造时尚，一旦它形成，我就会希望做另外一些与众不同的事。”

保持简洁

“我参与做过的广告都是很简洁的。”贝尔说，“创意，表现，文案——一切都很简洁。这是从事广告创作之初就应注意的。不要因过多考虑广告的艺术性而影响向消费者传达你的概念。也不要将你的作品搞得太复杂。我们不会到处张扬‘看这广告有多好，多复杂’。”

保护你的创意

贝尔认为，广告上的成功者对于什么是好广告都持有自己很强的观点。“好的广告创意是极易被破坏的，”贝尔说，“一个创意一经产生，就会招致许多人以各种各样的理由否决。”依贝尔的观点，关键在于，一旦你确认你拥有的是个好创意，就要坚持到底。“这一点很难做到。”

……并坚决斗争

贝尔认为保护创意的最好办法就是坚定地向人们讲述你的观点。“不停地大声说‘这是个好创意’是很起作用的。时间一长，人们也就会说：‘好吧，就这么着吧，也许你是对的。’这是个秘诀。拼命维护你的创意，因为这就是你要卖给客户的东西。”

行动坚决

在讲到什么是达到目的的决定因素时，贝尔提起一部叫做《最后的大亨》的小说中的一幕做例子。小说中，主人公欧文·萨尔伯格从亚特兰大飞往洛杉矶。由于对飞机感兴趣，他来到了飞机驾驶舱。看着窗外的山脉，他问驾驶员：“如果要你在山脉间铺一条公路，你从哪儿铺？”正驾驶答道：“我想我会沿着山谷。”副驾驶说：“我会穿山谷而建。”“不对，”主人公说，“如果你想穿过这条山脉，就从中间径直穿过去。”贝尔说：“这是一个知道如何做事的人。径直走，这就是我们要做的。”

不要为不成功的作品找借口

贝尔不喜欢文案人员或艺术指导拿着提案书过来说：“很抱歉，提案中的某些东西并不是我真正要的，但我所得意的都被客户否决掉了。”可以有上万个理由来解释你该做而没有做的事，贝尔对这并不感兴趣。“我们真正需要的是你如何写和如何想。这才是你。如果你的提案并非你真正所想要的，那么就改掉它。”

记住，不要坚持华而不实的东西

“20年前，提案书的样子很粗糙。今天，就是刚刚毕业的学生也能把提案书做得相当漂亮。但雇用这些小鬼的老板们很老练，他们不会为这些表面的华丽所蒙蔽。”贝尔说。昂贵的皮革封和离奇的装点让贝尔感到厌烦。他见过许多表面华丽而没有任何新意的提案书。他怀疑过于华丽的装点是否只是用来弥补它创意上的不足。贝尔说：“有时，有些人心里知道他的提案中没什么好创意，就只好把提案书做得漂亮些。”

表现出你的热情

“如果你真的对广告行当抱有一腔热情，表现出来，它会给你很大帮助。”贝尔说，“当你谈话的时候，这种热情会表现出来。人们可以感到你有相当大的动力。你需要什么样的人为你工作呢？就是那种热爱这项工作的人。”

明白任何能引起销售的都是广告

“我最近听到有人说‘我们以后干脆不叫广告公司，改叫销售策划公司吧’。我在想这个人所说的意味着什么？我们所做的就是广告。无论我们做的是投资昂贵的60秒电视广告，或是报纸上2英寸的平面广告，或是一个啤酒杯垫儿上的广告。是广告都应认真对待。一个好的直接反应广告的效果会体现在拨打800免费电话的人数上。即使是商店内标示什么地方卖啤酒的标牌，也可能成为优秀的指示标志。”

（二）泰德·贝尔眼中的两位广告巨人

两位巨人投入地战斗着，但不是彼此之间，而是同仇敌忾，针对他们所爱的行业中出现的那些或假冒、或平庸、或二流的作品。

在那些业已遥远的午餐时间，曾交流过什么样的思想呢？当两位巨人操纵着控制杆，令我们的行业正沿着一个新方向发展时，他们为我们的未来竖下了一个什么样的指路牌呢？

很高兴同大家分享一下他们的思想。

坐在烧烤阁一端的伟人比尔·伯恩巴克：

- 我们必须追求伟大的创意并将其付诸公众，必须代表着社会立场去实践。
- 我们一定不要只信任我们所出售的东西，我们要出售我们所信任的东西。
- 对于有创意的人来说，规则是一种禁锢。
- 无趣的东西固然无助于销售，但毫无关联的花哨东西同样无用。
- 警告你，不要将广告视为一门科学，她是一门艺术。没有任何一部令人过目不忘的作品是套用公式做出来的。
- 产品，产品，产品，永远从产品出发。
- 真理在人们相信之前称不上真理。
- 我不需要科学家，我只要做正确的事的人，做有创造力的事的人。
- 让我们开辟新的蹊径。向世界证实，只有有品味，艺术感强，文案漂亮的广告才是能引起销售的广告。
- 真正的广告巨人都是诗人——是从现实跃进想象与创意王国的人。

坐在桌子另一端的思想先驱者李奥·贝纳：

- 一幅广告必须看上去像广告而不是别的什么东西。一定不要装成其他东西来误导读者。必须告诉读者：“我是一则广告，并为此骄傲。我有很重要的事情要告诉你。”
- 关键是在保证诚实的同时，如何既使广告显得可信、真诚和热情，又表现得五彩缤纷，具有煽动性。
- 我知道任何一个傻瓜都能写出糟糕的广告，但确实需要天才来创作优秀的广告。
- 我无法给你一个成功的公式。但我可以教你一个简单、能导致失败的公式——那就是试图让每个人都满意。

● 我明白，广告中最重要的是可信度。

● 据我观察，成功的广告总是简单得使人毫无戒心。是普通的接触而不是让人领你的情。

● 我觉得你不必为了使广告有趣而特别做得离谱，一则真正有趣的广告是由于稀有才显得离谱的。

● 许多文案撰稿人在变得越来越会说客气话的同时，写出的文案也变得索然无味了。

● 一个呈现在五彩华丽纸张上的小创意没有任何生命力，而一个随手写在小纸片上的伟大创意却将永存。

许久以前，在那烧烤阁里，如果两巨匠在争吵，那一定是为了下棋而决不会是因为广告。在这方面他们似乎是相通的。我早些时候倒是对李奥和比尔会遗留下什么很好奇。

事实上，有一天清晨，李奥自己提起了这个问题。他很清楚他所营造的一切。在事业接近尾声的时候，他知道他应该留下什么。所以，以李奥的方式，他对如何继续他的精神和功绩留下了很明智的教诲。同时警告我们违背他的要求的后果（他将亲自将门上包含他的名字的公司招牌摘掉）将不会产生好后果。

你一定想问，谈论这些怪癖的老人有何现实意义呢？我的回答也许并不全面。虽然现在的商业和广告业与李奥或比尔的年代有很大差别，但他们还是为我们留下了宝贵的经验：

● 你要呈现出的是一个好产品。

● 不要投机取巧。

● 为你所做的感到骄傲并讲真话。

● 不要为成功而沾沾自喜，因为你永远没有美国的消费者聪明。他们总会发现你的漏洞，而且要经过漫长的时间才有可能原谅你。

● 只有尊重人们的尊严和人性，他们才会认可你，进而信任你。

二、罗伊·格雷斯[①]

“如今许多年轻人从学校的广告专业毕业，但他们所学到的只是如何思

① 摘自《如何做创意》，125～151页。

考。他们无法将想法转化为实际，甚至不能在纸上做视觉传达，”格雷斯暨罗斯查尔德（Grace and Rothchild）的主席罗伊·格雷斯说，“就像一位外科医生知道各种技术，却不会用任何一件仪器一样。”

罗伊·格雷斯的确是一位知道如何运用所有工具的“外科医生”。他曾作为艺术指导创作了一些DDB公司有史以来最富独创性的广告作品，并多次荣获克里奥奖、The One Show、戛纳以及其他许多广告奖项。

在这里，我们将以平面广告为主，研究一下如何创作具有独创性的广告，并介绍其他一些你将需要的“工具”。同时，我们将结识一位在广告史上非常具有原创性的重要人物。

在与DDB的一位前任文案员黛安·罗斯查尔德开办他现在的公司前，罗伊·格雷斯曾在DDB一直做到了DDB美国地区主席及DDB集团全球副总裁的位置。而他说：“我怀疑那些只是些可以放在名片上的头衔。”

(一)30年广告经历所得出的建议

在格雷斯看来，广告的发展方向如何？他认为广告不会有太大的变化，至少不会变得很快。“广告的根本动力在于创意，这一点是不会变的，”格雷斯说，“我见过一些细小的、技术上的变化。但在我所经历的30年里，变化并不很大。”

同时，格雷斯认为，一个现在的新创意，明天就会变成老主意。“一个新创意被大家分享后就变得普通了。”他说。

广告业的这种稳定性倒使你入行变得更容易，因为你不必不停地跟在别人后面跑。然而实际上，这使你要做好变得更难。格雷斯说他所追求的是解决新问题的新途径以及思维的原创性。“任何人都能照此再做一则Ranger Rover的广告。”他说。因此在一个发展变化不是很快的行当里，你如何拿出些新东西呢？格雷斯没法告诉你（如果能的话，那也不会是什么新看法），但他可以在如何启动思维上提供一些建议。

不要太看重专业学历

格雷斯认为有些广告学校就是工厂。“你在一本一本的书上见到同样的广告，但却不知道是谁做的，做的是什么，”他说，“要使教学不陷入老套是一项非常困难的工作，而我认为他们没能做到。我从不教课的原因之一就是我不觉得我有足够的创新能力创造出新鲜的教学方式。”不要以为你的作品会因为你没有相关学校的证书而被忽视。格雷斯说，他会浏览每个人的作品。

慎选导师

“广告专业的大多数毕业生都有些欠缺。”格雷斯说，他将这一现象归结为教学的不利。“广告问题是普遍的，而解决方向也是普遍的，”他说，“如果你看到有一个学校出来的学生都很优秀，那是因为有好的老师。”他认为有几个学校在培养学生方面做得不错，它们包括洛杉矶艺术中心和亚特兰大的策划中心。所以如果你准备进学校的话，注意挑选，结果会有很大不同。

勇敢些

格雷斯看重勇于冒险和大胆思考。他喜欢不怕挑战的人。他更愿意雇用那些宁可冒着犯错误的危险也不唯唯诺诺做事的人。“有许多广告看起来很不错，你找不出什么错误，”格雷斯说，“但那些与众不同的广告则通常有点不敬、愚蠢，或者危险。有些甚至越轨，招致客户的反对，使创意陷入麻烦之中。创作与众不同的广告就像走钢丝，但没有勇气尝试，你就永远只能创作平庸的广告。”

不要为作品痛苦

格雷斯不相信经过长时间痛苦思考会熬出来好作品。“我只相信在正常的生活方式下努力工作，”格雷斯说，“我喜欢同孩子们呆在家里。我想我工作的周末屈指可数。任何事都要从长远看，要在工作中找到乐趣。一旦你觉得没有兴趣，就摆脱它。”

抓住第一感觉

格雷斯认为第一个闪现出来的创意通常是最好的。“我从不在一个问题上停留过多的时间，”他说，“花3秒钟得到一个点子，就算太长了。如果花了30秒钟，我就会感到痛苦。我就会放弃。‘噢，天哪，我永远解决不了它了。’我上学时，学校要求解决问题的思路必须在最初几秒内确立。一旦你明白问题的所在，你的答案就应该出来了。”

重新定义问题

“有时这是一件非常困难，但又非常重要的事，”格雷斯说，“许多情况下，当你解决问题时遇到了麻烦，就是你给问题的定义有问题。通过重新定义，你会理解问题的所在。”

创作前做些调研

格雷斯鼓励在创作之前做一些调研。“调研可以帮助你确定一个准确的目标，或者至少是近似准确的目标。”他说。但格雷斯不提倡创作完成后再做调研。“实质上，你在测量一项无法测量的东西，”他说，“有太多的不确定的、未知的因素。做效果测定是对时间和财力的浪费。如果它真有效，我会是第一个采用的。市场容不得半点失误。”

去图书馆

开始准备应聘作品之前，你需要搜集信息。但是新手们没有渠道去了解关于一家广告公司的信息。怎么办呢？格雷斯建议你去附近的图书馆。“那儿是新手们最好的信息源，”他说，“在图书馆里，你可获得大量的信息。你也可以向你打算做的生产厂家询问。如果你找对了人，他们会帮助你的。”

在一个想象中的世界里工作

“正常的人不会从一位新手那里寻求问题的解决方案，期待他或她能准确了解市场情况，”格雷斯说，“我看过许多新手的作品，因为不了解市场，有些思路不是很合理。但我不会因此否定他们。他们不可能准确了解市场。在他们有限的世界里，如果他们的创作合理，我就接受他们。”

表现出一种姿态

今天你可能听说过许多有关姿态的说法。格雷斯认为姿态也许是语言、形象甚至是定位的最新版本。他将它定义为你要在广告中传达的一种基调，一种看法。“姿态要比基调通俗一些，但实质上它们是一回事，”格雷斯说，“你必须在一个广告活动中保持一种声音——一种调子。这种声音应适合该产品。适合J&B的对于蒙特塞纳医院肯定不适宜。”

学会“含蓄”

“平铺直叙的广告很少能成为优秀广告。”格雷斯说。他认为当你有一个具体的信息内容时，直截了当的标题是好的，比如宣布一项医治癌症的方法。“你不会拐弯抹角，因为你的确有话要说。”除此之外，格雷斯认为你需要有能愉悦人的东西。“对于你要做的大多数的广告，你没有产品的优势或者真正的新闻，”他说，“你所要做的就是含蓄一些。你所要销售的东西中，有一部分是人们对于产品的感受和它的正面形象。”

学习书法

格雷斯学习过多年书法，他发现书法迫使他以视觉思维。“它以一种无法代替的方式教会你如何理解正形和负形，”他说，“这在设计中非常关键。它有助于你了解标题该多大，正文该多大。”

力求做得幽默些

格雷斯觉得一则广告在传递信息的同时应该具有娱乐性，所以他运用幽默。“我认为它很有帮助。我记得在我最初从事广告行当时，幽默手法是不被提倡的。人们说诙谐的广告没有效应。现在，每个人都试图做幽默广告。但创作幽默广告是很难的。”

相信你自己

“我当初被解雇过三四次——一次是因为将一瓶墨水洒在老板身上，”格雷斯说，“如果有什么忠告，那就是如果你真的喜欢上做某事，你就要对此坚信不移。坚持到底，你就会成功。真的会成功。你所要做的就是坚持不懈。”

(二)如何区别一个好创意和一个糟糕创意

区别一个好创意和一个糟糕创意并不是一件容易的事。格雷斯列下的一系列标准也许对你有帮助。他主动并无意识地列出了一系列标准，你也许最终要列出你自己的标准，他的建议也许是个很好的开始。下面是他针对这些标准的看法。

第一，是否与产品相关？它是否与产品有一定的联系？

第二，是否从未有人将这个创意应用于这个类别的产品？

第三，是否是一个可以创作出一系列广告的创意？是否可以持续多年？

第四，是否不仅不落俗套，而且又有娱乐性？人们晚上回家不会专门看广告。人们也不会因为看广告而翻阅杂志。广告的信息是否感动你？是否动人？是否有冲击力？是否能吸引某些人的注意力？

第五，是否引人思考？这很关键。人们是否参与到广告中？是否启动了他们头脑中的小马达，使他们真正地介入对未来的憧憬中？是否有激发性和劝服力？

第六，我是否喜欢？如果你喜欢这则广告，受众就很可能会喜欢这个产品。

最后，第一眼看到它时，它是否令我感到兴奋？是否使我感受到紧张？我喜欢使我感到紧张的广告，因为它们有威胁、有新意。看到你曾见过的东西时，你不会感到紧张的。

毫无疑问，有些东西是来自经验的。但在我没有任何经验的时候，我如何判断呢？当我知道广告的感觉是对的，但又说不太清楚的时候，我就理智地检验一下广告的每个组成部分，并问自己：我为什么做这则广告？为什么字体要这么大？我为什么选择这字体？为什么选择这张图片？为什么标题以这种方式表达？文案为什么这么做？

好的感觉只是开始。能够理智地检测你的感觉是很重要的。你知道，从办公室的窗口走出去，飞下20层楼的感觉非常好——也许是。但当你着陆时，感觉就不是那么好了。创作也是一种同样的过程。

我的工作就是创作广告，并分析是什么使其奏效。你拿来你感觉不错的作品来检验它的潜力，验证它是否正确。有时你会拿回去，认为这幅不成功，创意不合理。那么，你就会寻找出一条让它变得合理的路子来。

(三)关于平面创意的更多思考

为帮助你更完整地了解平面创意，下面列出罗伊·格雷斯更多的思考。

今天，多数广告的创意在于文字表达。如果你在视觉创意上有一个诱人的点子，你就会比竞争对手领先一步。然而，多数从学院里出来的艺术指导更多的是充当文案而不是艺术指导的角色。这是因为学校里，他们被要求概念性思维。这是无可非议的。但他们更多地使用语言思维，而不是视觉思维。我认为这很可怕。

艺术指导也需要从可操作性的角度出发思考创意。艺术指导的工作就像经营一个小工厂： 或者和文案员一起工作，你负责创意，或者包揽创意与文案。但你必须将产品生产出来。这需要许多知识。

现在，我雇用了20来个从学院里出来的艺术指导，不骗你，我很吃惊地发现，作为艺术指导，他们差得太远了。他们擅长思维，但他们没有能力将观点表现在纸上来贩卖它。这就是因为他们缺少视觉思维。他们总是运用语言思维。20世纪60年代的创意革命是思想上的革命。艺术指导和文案坐在一起思考创意取代了许多传统的工作方法，以至于将一些有用的东西也抛在了一边。

另一条成功的途径是先从一个视觉创意开始。有了正确的视觉创意，标题就会自然而然地出来了。看一看Ranger Rover的广告，或者看看J&B的广告。它们和我所谈到的不尽相同，但很相近。实质上，每个广告都有视觉创意在里边。它们是视觉上的创造，小小的视觉游戏，而不是喧闹平白的具体陈述。你被迫介入其中，去做出你自己的结论。

三、DDB尼德翰姆世界传播有限公司前高级副总裁理查德·H·尼德翰姆①

没有人认为创作优秀广告是件容易的事。这些创意的产生或被接受都并非易事。但是当一个创意经过层层审核并成功地运用于市场，创意者的喜悦是难以衡量的。这就使广告这个行当，尽管艰辛，也非常值得去做。

我对身处广告行业备感自豪。因为一个世纪以来，广告已经成为商业发展的基本润滑剂。在一定的资金投入下，它促进了我们的大众分销系统。

现在，经常有人感叹广告不像以前那么有意思了。这话有些道理……然而有一些事情是不变的：

• 广告将继续由小的创作组完成，而小组将还是由那些具有成熟和良好感觉的人组成；

• 广告将继续吸引那些深具好奇心的人们，和他们相处仍是非常有趣的事；

• 广告在可见的未来依然是不断变化的行业。它的形式可以变，但市场将继续依赖于大众传播；

• 人才的广告人永远会得到回报。

四、芝加哥豪瑞尼伙伴公司高级副总裁、创意总监帕特里克·汉伦②

有人说广告是商界的玩具部门。

还有人说广告是你穿着衣服可以做的最有趣的事。

它也是为数不多的，可以挣着和医生或律师一样多的钱而上班还可以穿牛仔装的职业。

但你必须是优秀的。

要做到优秀，你必须从撰写100个标题开始。

做100个版面设计。

随后再做100个。

许多人都有成为杰出人才的天赋，但只有一小部分人有干劲。

---

① 摘自《如何做创意》，10~12页。

② 摘自《如何做创意》，13~14页。

优秀的广告要求干劲。你会发现多数人五点时都想回家。他们想去酒吧，他们想去洗衣店。

忘掉这些吧，广告要比社会生活更有意思。

广告是个充满竞争的行业。你必须永远比你的对手更努力工作。

广告是少数能容纳任何能努力工作、明智思考并创作优秀作品的人的职业。

五、《如何做创意》一书的采访并撰稿人劳伦斯·明斯基、埃米莉·桑顿·卡尔沃关于“仅凭天赋，如何在广告业获得成功”的意见①

比尔·伯恩巴克曾说过：“让人记得住的广告从来不是套用公式创作出来的。”也许针对某一特殊客户有一套创作规范，说明该怎么做，但没有固定不变的规则——除了确保人们记住你客户的名字。

广告是一个迅速发展的行业，永远追求新鲜。过去的成功创意今天也许不再奏效，而另外的一些却可能对将来有所启迪。再一次重申，读这本书时，你要做的就是找出最适合你的见解。

我们还希望，读这本书时，你能舒舒服服地坐下来，放松心情，让自己沉浸其中。广告是一个令人兴奋的行业。我们希望这本书能捕捉到这份兴奋。

第二节　挑战传统广告观念的三篇文章

第一篇：《突破模式　打破常规》——通过这篇文章，我们可以明白为什么“索尼娱乐站”1999年在戛纳国际广告节获得平面全场大奖后，西方广告人会兴奋得奔走相告的原因。

第二篇：《消费者需要完美的品牌感受》——通过这篇文章，我们可以了解品牌形象的建立与消费者的感受有何关联。

第三篇：《有创意更好卖》——从这篇文章中，我们可以认识获奖作品与市场销售力的微妙关系。

---

① 摘自《如何做创意》，15页。

突破模式　打破常规

［英］　刘易斯·贝塞特

现在，广告的创意并不处在自身最佳状态，这是一个事实。眼下，没有一条崭新的创意表达可使你我感到惊奇，更别说消费者了。纵观世界，我们从电视、报纸、杂志上看到的广告均是那么的相似，这是为什么？

最根本的原因是因为一些广告主的态度。尽管如今经济气候已经改善，但这些经历了1993年经济不景气的人，不得不接受一些保守的审核，以至他们的做法没有任何改变。正如老伯肯所说：“被牛奶烫伤的他，又被酸奶酪灼伤。墨守成规。”

今天的局势与1993年比已大不相同了，但仍有许多客户观念固执，换句话说，就像是在遵从一贯的准则——不去冒险。在广告行为中，不去冒险是所有行为中最冒险的事情。

设想一下，那些不能使消费者吃惊的广告，那种不根植于特定的创意的广告，能够获得通过，就像大卫·奥格威所说的，“就像是一艘在黑夜里航行的船”，没有人看见它，没有人注意它。

在今天的西方国家，我们每人每天都要被迫接受大约1500条广告信息，所有这些不只是从电视广告中得来，还来自广播、报纸、杂志、户外等等渠道，不仅有海报，而且有车身广告、地铁广告，甚至停车计价器上也做广告，加上商店、经销店的标示和许多从建筑物楼顶垂下来的尼龙布标……

于是乎，当你问消费者昨天的广告他们能记住什么，通常能够叙述出3至6个品牌。当你提醒一些名字时，可能多一些，但不会多多少。

这对广告人来讲是难以接受的。

造成记忆失落的两个原因，一是我们所见到的广告数量，二就是其中大部分广告的类似性。

我看了许多包括不同品牌的汽车广告电视录影带，都在展现一个相同的声音，实际上一个录影带可以适合任何一个指定品牌的汽车宣传。公路上的弧线、驾驶的变化、面对风景的微笑，所有这些都是陈腔滥调，都是没有诚实。可信的创意允许我们把一个品牌同其他品牌识别区分开来。

市场调查使得所有广告极其相似，就像隧道里的风使得所有汽车的状态都是一个样子。分类调查的反馈意见只能告诉你有关过去和现在的信息，它们对未来一无所知。我所想听到的是明天如何，但我不得而知。就好像别人问我同样的问题，我所能回答的只是我喜欢昨天我喜欢的东西，我喜欢今天的情况一样。

事实上，创意与调查研究是同步进行的，调查研究告诉我们消费者喜欢什么。由于大家得到相同的信息，所以我们的广告看起来会很相似。不仅消费者自己开始抱怨广告的相似，而且广告主也开始寻求其他的沟通渠道，以便将自己区别于其他竞争者。

这种恶性循环必须打破，但只能通过创意来实现。创意的工作是革新的、差异性的、令人震惊的和惟一的；创意是有突破性的，富于记忆性的；创意是在创造一个独特的品牌个性。虽然，调查研究有助于创意，但得运用有差异性的方式。我们不得不尽力去突破模式，但在调查研究中去突破模式，其工作又难以得到验证。

如果毕加索在蓝色时期、粉色时期之后，开始预先对立体主义进行测试，消费者的反馈可能会彻底地拒绝接受它。如果毕加索听取调查意见，他不仅不会有所进步和超越，成为这个时代的一个伟大的画家，还会一无所获。造成毕加索天才成就的原因是他知道如何去突破模式，他能够征服不信任他的人，他能够不断地挑战极限，这就是毕加索成为20世纪最伟大的艺术家之一的原因。

毕加索不会让一个卑怯的品牌经理做他的委托人。他的委托人要和他一样有胆识，那些人能够支持一些与他们愿望相异的东西。同样的道理，这也使这些委托人变得伟大。这是一种敢于购买从未曾想过的东西的能力。

突破模式，你得去尝试，你得有勇气提出好的创意。也许这种创意一开始消费者并不接受，要给消费者一些时间。

我总是说："我宁愿得到明天的一英镑，也不愿要今天的一便士。"

市场是属于勇敢者的，他们敢于为消费者将来的欲望和需求而制造、销售和广告，成功将属于那些精于未知市场的人，他们能够提供消费者未曾想过的产品、创意和活动。

关于创意，我还有许多话要说，如果我们要使消费者眼睛一亮，我们就要深入地了解消费者，必须得知他们今天消费的东西，于是我们就知道如何销售给消费者他们明天需要的东西；我们还必须知道如何运用我们的耳朵聆听，于是就能告诉消费者新的声音，并且吸引他们的注意。

如果我们做到所有这些，创意将会再一次绽放。如果我们做到所有这些，我们将会再一次看到使自己震惊的策划，并且，富于效果的广告将会有口皆碑。

幸运的是，我们知道如何去做。

让我们为它而努力。

（作者背景：刘易斯·贝塞特，奥美广告公司的欧洲、非洲、中东创意总监。撰写于1998年）

汪欣/译

消费者需要完美的品牌感受

［美］ 米歇尔·史蒂文斯特

那是一个周六的中午，我和五岁的儿子查理并排坐在一家快餐店里，当时已是中午一点半了，我和查理都饥肠辘辘，而查理显得格外的疲惫，天下着大雨，我们在去快餐店的途中已经被淋成了落汤鸡，而现在又足足等了十几分钟，终于轮到我们点菜了，我点了查理最喜欢的食物，但服务员冷冷地说："对不起，我们现在的儿童套餐的玩具已经送完了，我们只能提供没有玩具的儿童套餐。"当然，小小的玩具对那家快餐店来说是件微不足道的小事情，但对查理来说，没有玩具就等于没有可口的食物，因为几乎每一家快餐店的儿童套餐都是有玩具赠送的，在他眼里没有玩具的快餐店是不值得信任的。

像这样令人不愉快的消费经历每天都在发生，大部分的公司都没有注意到劣质服务给他们造成的损失，更别说采用我们所提倡的"完美品牌感受"的传播概念了。

现在查理再也不去那家"没有玩具"的快餐店了，像其他受冷落的消费者那样，他绝不想再经历第二次的失望。查理在选择快餐店的问题上是家中的"决策者"，他的喜好直接影响着家庭的其他成员，如果说人的寿命大约在70年左右，查理的"决策"大约值15 000美元，这笔钱将是那家快餐店所直接损失的。如果查理长大以后成为了一位具有影响力的人，而他对那家"没有玩具"的快餐店所留下的残缺的品牌感受将直接影响到一个消费群体。

可悲的是像多数令消费者失望的公司那样，那家快餐店决不会把一个小孩子不愉快的消费经历放在眼里，更别说让消费者干等那么十几分钟，或者说是仅仅得罪个别消费者这类的"小事情"了。其实避免这类"小事情"的发生是企业管理者的举手之劳，而这些"小事情"的累积给品牌形象造成的巨大损害却是无可估量的。

整合品牌的感受

事实上一部分有创新精神的企业是以一种全新的方式介入市场的，他们关注消费者对品牌的感受，他们通过向消费者提供优质的产品与全方位的服务来树立品牌的声誉，他们培训他们的员工，告诉他们只有完美的服务才能让消费者产生完美的品牌感受，而一些奖惩措施，如：奖金、提拔、分红等，都将会严格按照定量服务的标准来划分实施。

这些敏锐的市场先行者非常清楚，消费者对品牌的认知是由售前的广告宣传与售后的服务来决定的，他们认识到品牌广告中的任何一个字将价值数百万美元，他们告诉员工，品牌的感受起源于消费者对品牌的认知，在他们与朋友交谈时，这种感受得到滋长，在购物时这种感受将直接转化为企业的利润，在使用品牌产品的过程中，这种感受得到固化，从而促成第二次的购买。

试想一下：如果一家超市以销售一种新鲜的生鱼片出名，他们声称他们用的鱼是当天最新鲜的，因为他们每天都是第一个进入鲜鱼批发市场进货的超市，他们不只是简单地推销生鱼片，在推销的过程中，他们要询问消费者的口味、烹饪方法，以及吃饭的环境，然后帮助消费者选择合适的鲜鱼，并且按照他们的要求切片，同时他们也向消费者提出一些烹饪的建议。在通常的情况下，他们还会推荐一种利润很高的独家配方的调料，甚至有时候他们还向消费者推荐可以作为佐餐的酒、沙拉及餐后的甜点等。其实大部分的生鱼片在超市中都属于赔本的商品，但是这家超市制定的一系列的销售措施却使原先赔本的生鱼片成了他们的赢利商品。当然，这些促销措施的确比较繁琐，而且生鱼片的价格也并不便宜，但是消费者清楚，他们付出的每一分钱都是物有所值的。因为这家超市关注消费者的感受，才树立了良好的品牌形象，在这种情况下即使周围的超市纷纷效法，也不见得会有比他们好的销售业绩，因为前者已经拥有了一大批忠实的消费者，品牌感受得到了固化。这种习惯性的购买行为来源于消费者对品牌感受的不断加深，以及他们的生活状况、饮食习惯等因素。

正像所有成功的零售商达成共识的那样：你必须像了解你的商品那样了解你的消费者。许多大型超市的管理者认为采取细致的、深层次的服务只能适用于人流量较少的超市，如果他们的超市采取这种服务模式，所付出的资金、人力将会是巨大的，值不值得做，还有待进一步探讨。但是随着各种技术、培训、资金问题的逐步解决，更多的企业将会注意整合消费者对品牌的感受，向他们提供全方位的服务。

消费者到底在想什么

可惜的是绝大多数的市场研究方法和调查手段都只能提供一些消费者对品牌认知程度的相关数据，并不能显示出消费者对品牌的感受，正是因为这样，企业的管理者很大程度上是忽视消费者的心理感受的。一般的市场调查提供的是一些诸如品牌的使用频率、服务方式的选择、销售指引以及品牌印象的粗略评估之类的泛泛之谈，这些根本不能让决策者捕捉到消费者对品牌的细微感受，更别说其他的“细小”问题了，然而这些“细小”问题却直接影响到品牌的整体形象与市场占有率。

从心底里感悟消费者对品牌的感受，需要关注他们那些一闪而过的，甚至是那些还未形成的感觉。你不能仅仅刻板地问他们一些无关痛痒的问题，你需要和他们一起购物，并且注意他们在寻找什么，想什么，摸什么，要注意他们问了售货员一些什么样的问题，以及他们对回答的反映如何，如果可以的话，你还可以和他们交谈，了解他们的生活。

我最近参加了一个食品品牌的消费者回访活动，我们走访了一家该品牌的消费者，刚开始这位家庭主妇声称最多只使用过一两种这种品牌的产品，但后来当她察看自家的食橱时却发现了许多该品牌的其他产品，而事先她对此一点印象都没有。这是为什么？我们感觉非常奇怪，但经过一番交谈后，我发现他们一家虽然非常喜欢这个品牌的食品，而对于该品牌的有些食品却不知道该怎样烹制，以至于那些不会烹制的食品成为了被忘却的“品牌”，在食橱中长久地被积压了。为了证实调查的结果，我们同样走访了另外几位消费者，都得出了相同的结论。这个食品制造商也开始认识到他们不仅要关注产品的生产，而且更要关注消费者的感受，告诉他们应该在什么场合和怎样使用他们的产品。

亲身去体会

高高在上的总经理们是不会亲身参加品牌信息的收集工作的，然而第一手的资料却有助于他们了解品牌与消费者，产品与市场环境之间的互动关系，有助于根据消费者的喜好来调整他们的品牌策略，同时也有助于他们了解在购买瞬间消费者对品牌的感受。如果他们知道什么时候，什么场合应该采取什么样的品牌策略，就可以增强消费者对品牌的感知程度。

在市场学中强调要使消费者成为该品牌的终身消费者，波士顿咨询公司通过对消费模式的研究得出：争取到一个新的品牌消费者并促成其第一次的购买通常需要花费4到10倍的产品利润作为品牌形象的塑造。当然这也不是绝对的。无论如何，亲身去体验消费者的感受，将对你的公司，你的品牌塑造大有裨益，同时也会给你的公司创造巨额的利润。

要建立起完美的品牌感受，你必须要扫除公司与消费者之间的屏障，这就意味着你要：第一，了解消费者购买和使用品牌的范围；第二，找出值得改进的地方；第三，制定出完善的品牌推广计划，并保证品牌在推广过程中给消费者的感受是完美无缺的；第四，用各个消费者对品牌的感受来衡量品牌推广的业绩；第五，把你建立完美品牌感受的意识灌输到你的每一个员工的头脑中，并且奖励业绩突出者。

差不多一个世纪之前，操作效率学之父弗兰克·温斯罗·泰勒问他的炼钢工人是否对他们1.15美元/天的薪水满意，或者说问他们是否想赚更多的钱。泰勒给工人们提出了产量提高2倍将付给他们1.85美元/天薪水的承诺，为了达到所定下的生产目标，泰勒给工人制订了怎样完成每天交付47吨产量的方案，其中包括一些严格的规章制度、增产建议、每日生产情况反馈以及完成产量任务的奖励等相关内容。

今天看来，泰勒提高效率的方法明显过了时，现代生产效率提高的源泉在于消费者对产品的满意程度以及他们的品牌再消费的趋向。亲近消费者需要付出时间和努力，但消费者在品牌消费时的愉悦以及他们对品牌长时间的忠诚都将会给你和你的公司带来最好的回报。

（作者背景：米歇尔·史蒂文斯特（Michael Silverstein），波士顿咨询公司芝加哥分公司的资深副总裁，主持了波士顿咨询公司全球消费者和零售业系列项目的研究工作）

廖宏勇/译

有创意更好卖

[德] 塞巴斯蒂安·特纳

广告中的记忆度是很现实的。

据估计，在当今播出的电视广告中，有50%~75%的广告缺乏震撼力。而新的研究报告对这个数字提出了质疑，在调查范围内的电视广告中，有87%已经达到或者超出预期目标。这87%的电视广告里，包括了在创意比赛中表现最好的400个广告，当然也包括了那些完全缺乏震撼力的广告。难道广告就不存在问题？

如果我们认为有创意的广告总能成功，事实却又正好相反：许多在创意大赛中获奖的作品，在市场中却收效甚微；反之，有些在策略单上一直缺乏创造力的广告，却可以成功获得市场占有率。这似乎意味着创造力并不是影响广告成败的关键。那它又是什么呢？

假如从消费者的角度观察，可以得到这样的结论：消费者对广告的兴趣越来越低。根据一篇世界性的广告记忆度论文显示，在20世纪60年代，40%的电视观众可以想起广告中的一个亮点，而现在只有8%观众能够做到。论文还表明，即使消费者只是单纯地观看广告，也吸收不到广告所传达的信息，更别说信息内容能对他们产生任何影响了。

当然，在过去数年间，广告数量呈爆炸性增长。在如此恶劣的环境下，为让广告达到预期目标，一个方法就是在电视广告的播出时间段里，用长时间播放平面式广告的做法来强迫记忆。采用此方式，或许能实现一定的认知，但却无法使品牌得到广泛认可，更别提让受众对品牌产生好感。至于对那些首次观看这条广告的目标群体，更造成令人厌烦的副作用。

广告工业似乎被困于一个怪圈：电视广告越单调、越缺乏刺激，被接受的程度也就越低。为了强制消费者接受或纯粹为了引起消费者的注意，具有大震撼力的电视广告通常被再三地反复播放，这种千篇一律的感觉，到头来只会使消费者的兴趣降低。无论采用哪种方式，消费者调查都显示了相同的结果：大多数消费者因不堪广告的骚扰，都尽量地躲避收看广告。

如果消费者认为大多数广告是讨厌的，换个角度来想，如果某天所有的广告都消失了，是否会像调查显示的那样，将有61%的消费者会想念广告呢？毕竟这个调查是在英国进行的。众所周知，英国的广告业是以擅长制作富有创意的广告而闻名于世的。

这是否又意味着，有创意的广告的效力会因国家而异呢？相当有趣的是，德国市场提供了个好指标。在过去几年里，奥迪 (Audi) 与奔驰 (Mercedes-Benz)

两个品牌因其杰出的广告创意质量而获得了成功，并成为经典范例。德国内部对它们的广告经费与记忆度之间的相互关系进行了研究比较，发现两个品牌并没有投入非常多的预算，但受欢迎的程度却大幅度增长，这样的增长效果是它们的竞争对手无法取得的。而且这两个品牌的广告除明确地定义了品牌核心外，还都提供了富有娱乐性的内容。

最近，德国消费者研究社和德国广告代理协会（G.W.）基于广告所面临的压力（客户的预算）及其相关的广告宣传效果间的关系作了联合研究，从中找到了如何拍摄高品质广告的方法，那就是："花大价钱不如创新来得更好"，这种方法也被视为"到目前为止最有效的方法"。

通过对比德国与瑞士两个最重要的广告赛事，还可以提供进一步的观点。每年，艺术指导俱乐部（ADC）会根据评审团做的选择，表彰最具创意的广告策划案。在众多印刷广告、招贴海报以及电视广告中，只有少数作品能获此殊荣。如果创造力对广告能否成功影响不大，那么在ADC获奖的作品，其市场竞争力应该是微乎其微的。情况却并非如此！事实上，20世纪90年代以来，德国广告代理协会一直为那些在广告竞争中有出色表现的作品颁发Effie奖（广告效力奖），受到表彰的相当部分作品，也因其出色的创意质量，得到了ADC的认同。

结论告诉我们，有创意的广告卖得更好。"最成功的作品必定比一般的作品具有更佳的创意"，这也是通过研究全世界480个让人印象非常深刻的作品后得出的结论。负责本次调查的研究员虽然都是前宝洁的销售经理，但他们并不存在因受益而对创造力的作用大肆赞扬。实际上，抱持公正、客观原则的雀巢老板赫尔姆·马歇尔也支持此观点，他说："众多成功的例子皆证明，在广告竞争中，具有创意、创造力和聪明定位的广告策略远比具有极高预算的广告策划更能保证成功。"

（作者背景：塞巴斯蒂安·特纳，舒尔兹与朋友广告公司（Scholz & Friends AG）执行总裁。这是他为2001年第15届欧洲广告大赛优秀作品集撰写的序言）

陈玎玎/译

广告设计教学体系课题成果

近四年，广州美术学院装潢艺术设计系所开课程中的学生作业，在广东省内、国内以及全球华文地区的广告、平面设计赛事中获得187个奖项，其中：全场大奖2项、金奖22项、银奖5项、铜奖6项、佳作奖14项、优秀奖17项、入选奖57项、入围奖64项。

值得一提的是：

2001年第2届北京大学生广告节广州美术学院获得了26个奖项中的11项，并摘取了平面广告的惟一金奖；

2001年CAC全国公益广告“遵守交通规则，珍惜生命安全”主题大赛参赛作品近5000件，广州美术学院获得惟一金奖；

2002年结束的第2届华人平面设计大赛（来自全球的华人参赛作品13 018件，其中学生类作品近4000件）评出的10个“新星奖”中广州美术学院占两个；

2002年“时报广告金犊奖”大陆赛区评比在北京大学一百周年纪念讲堂颁奖，在参赛的146所院校的4680个作品中，广州美术学院获得惟一全场大奖及15项金奖中的4项；2003年又获得大陆赛区平面全场大奖及18项金奖中的10项，受到评委以及广告学子的关注；

第9届中国广告节首届主题海报展作品评比，广州美术学院学生与全国顶尖广告公司广告精英站在同一赛台，从设定的32项奖项中摘取了11项，并获得铜奖；

法国巴黎第16届联合国国际招贴画沙龙大赛中国区的选送作品，广州美术学院占限送作品40幅中的5项（13幅）；2001-2002年度广东省公益作品（平面类）评比中，广州美术学院两个公益系列的创作分别获得一等奖和二等奖。

2001年胡川妮老师的“新转型期的广告设计教育”获得广东省第4届教学成果评比“省级二等奖”。

后 记

1975年我从广州美术学院装潢专业毕业后，在广东省外资包装公司从事出口商品包装设计和出国展览设计工作。1979年广东省革命委员会批准成立的第一家广告公司——广东省广告公司的办公室就在包装公司内。那时，日本电通广告有限公司首次来广州拍“食在广州”的平面照片和一个药品的影视广告片，作为“电通广州拍摄”外事活动的中方人员，我参与了工作全程。我跟着摄影师、跟随着摄制队先后忙了两个多星期，我觉得广告太有意思了。

1980年广告从包装公司分出来，我就要求做广告。当时的史长祥总经理开始没同意，他认为我的包装设计才在全国评比中获得奖项，又刚编写出版了一本有关包装设计的书籍，不该转向。后在再三要求下，我才得以步入当时国人非常陌生的广告行业，在广东省广告公司任创作部主任，1991年后任创意总监，一干就是17年。

1997年，我在尹定邦教授、刘露薇教授、应梦燕系主任的动员下，回到教育我、培养我的母校——广州美术学院教广告。当时对我最有刺激力的是尹老师说的一句话：“是当战斗英雄，还是带着士兵冲锋?”还有，就是1996年从戛纳回来后，我的观念发生了转变，我知道：光有经验不行，有了观念还不够，只有新鲜血液的注入，广告创意才会发生根本改变。

这本书能够去写，我要感谢北京广播学院新闻传播学院丁俊杰院长的推荐。1998年中国人民大学出版社组织编写“21世纪新闻传播学系列教材”，从新闻学、传播学、广告设计三个方面挑选撰书人。中国人民大学出版社的陈萍老师从北京与我通过两次长话，我告诉陈萍老师，做设计我在行，但写书离我很远。但她说，在从与我的谈话中认为我能写，我就答应了，不过我说：“如果写，可能不像个理论书。”她居然同意按我自己的方式办。

写书于我很困难，无法下手，一年期限过去了，我毫无进展；后来接手的司马兰老师总不放弃并始终鼓励着我，并且在2000年11月与我签署了撰写合约。

于是，经过两年的努力，我终于交出了比较满意的书稿。由于篇幅关系和内容上的考虑，写作完稿时书分为两本，一本《广告创意表现》，主要是我的教学思考、操作方法与教学结果；另一本《品牌广告塑造》主要是我指导的研究生根据课题所作的首批研究报告。

能将教学、研究、思考变成体系总结出来，是这些年的付出与收获。我要感谢我的研究生队伍，特别是廖宏勇、李华强、梁峰、李澄暐、汪欣、杨静、焦维等同学；还要感谢一群对学习充满激情、对广告的世界极其好奇并有着探索欲望的年轻学子：戴秀珍、朱鼎亮、罗滔、陈燕飞、何明杰、林涛、杨林、杨潮宗、麦瑜瑜、李燕春、黄晞、周小颖、孙凤君、王佳、赵耕、马建超等同学，还有我的儿子陈玎玎；感谢装潢系 98 级、99 级、2000 级和“广告设计”全院选修课的小组总监们以及各位小组成员，没有他们的参与，教与学就不会发生良性互动，更形成不了强大的团队力量和屡屡获奖的精彩。

最后，我感谢广州美术学院、学院科研处、学院设计分院领导们的指导帮助，他们为我提供了一个极富挑战意义的大课堂。感谢装潢系老师们的共同努力，感谢广告界朋友们以及“龙之媒”对广告教学的有力支持，感谢《国际广告》杂志社刘立宾社长对我在广告教学上的指点。

最初决定投入广告业时，父亲胡一川对我说：我相信你的选择。作为我国著名画家、美术教育家，他的话是对我永久的激励，我想以此书的出版纪念他，告慰他对我的殷殷期望。

——在这块土地上耕耘，我乐此不倦。

胡川妮

2003 年 4 月

图书在版编目(CIP)数据

广告创意表现/胡川妮著.
北京:中国人民大学出版社,2003
(21世纪新闻传播学系列教材)
ISBN 978-7-300-04407-1

Ⅰ.广…
Ⅱ.胡…
Ⅲ.广告学-高等学校-教材
Ⅳ.F713.81

中国版本图书馆CIP数据核字(2003)第006312号

21世纪新闻传播学系列教材
广告创意表现
胡川妮　著

出版发行	中国人民大学出版社		
社　　址	北京中关村大街31号	**邮政编码**	100080
电　　话	010－62511242(总编室)		010－62511398(质管部)
	010－82501766(邮购部)		010－62514148(门市部)
	010－62515195(发行公司)		010－62515275(盗版举报)
网　　址	http://www.crup.com.cn		
	http://www.ttrnet.com(人大教研网)		
经　　销	新华书店		
印　　刷	北京易丰印捷科技股份有限公司		
规　　格	170 mm×228 mm　16开本	**版　　次**	2003年6月第1版
印　　张	12.75	**印　　次**	2014年6月第5次印刷
字　　数	246 000	**定　　价**	38.00元